Aprender a Ensinar

A aprendizagem do ensino
no curso de Pedagogia sob o
enfoque histórico-cultural

EDITORA AFILIADA

Coordenador Editorial de Educação:
Valdemar Sguissardi

Conselho Editorial de Educação:
José Cerchi Fusari
Marcos Antonio Lorieri
Marcos Cezar de Freitas
Marli André
Pedro Goergen
Terezinha Azerêdo Rios
Vitor Henrique Paro

Dados Internacionais de Catalogação na Publicação (CIP)
(Câmara Brasileira do Livro, SP, Brasil)

Serrão, Maria Isabel Batista
    Aprender a ensinar : a aprendizagem do ensino no curso de pedagogia sob o enfoque histórico-cultural / Maria Isabel Batista Serrão. — São Paulo : Cortez, 2006.

    Bibliografia.
    ISBN 85-249-1240-5

    1. Educação - Filosofia 2. Pedagogia 3. Prática de ensino 4. Professores - Formação profissional I. Título.

06-6565   CDD-370

Índices para catálogo sistemático:

1. Aprendizagem do ensino : Curso de pedagogia : Educação   370

Maria Isabel Batista Serrão

Aprender a Ensinar

A aprendizagem do ensino
no curso de Pedagogia sob o
enfoque histórico-cultural

1ª edição
1ª reimpressão

APRENDER A ENSINAR
Maria Isabel Batista Serrão

Capa: Estúdio Graal
Preparação de originais: Jaci Dantas
Revisão: Maria de Lourdes de Almeida
Composição: Linea Editora Ltda.
Coordenação editorial: Danilo A. Q. Morales

Nenhuma parte desta obra pode ser reproduzida ou duplicada
sem autorização expressa da autora e do editor.

© 2006 by Autora

Direitos para esta edição
CORTEZ EDITORA
Rua Monte Alegre, 1074 — Perdizes
05014-001 — São Paulo-SP
Tel.: (11) 3864-0111   Fax: (11) 3864-4290
E-mail: cortez@cortezeditora.com.br
www.cortezeditora.com.br

Impresso no Brasil — fevereiro de 2013

Às crianças, jovens, pais, mães,
mulheres e homens, que dia-a-dia
alimentam seus sonhos, especialmente
o de criar um mundo sem cercas.

À Dona Ophélia, Norilda, Creuza, Bia,
Dione, Beatriz, Neide, Tereza, Ana e
Célia, sábias mulheres.

Ao Sr. Fernando, um ser
especial que me deu e continua dando
lindas lições de vida.

Ao Paulinho, meu amado companheiro,
presente em todas as horas.

Ao querido Professor Mario Golder,
um grande e eterno mestre.

Agradecimentos

Este livro é resultado de uma longa caminhada percorrida com a grata e instigante companhia de inúmeras pessoas, que se fizeram presentes fisicamente ou por suas idéias e sentimentos em diversos momentos e lugares.

Companheiros(as) na atividade de buscar compreender o mundo e criar formas de sua superação. Companheiros(as) de todas as idades que me concederam o privilégio do convívio e da aprendizagem nos acampamentos, nos assentamentos, nas escolas, nos recreios, nos campos, nas lavouras, nas brincadeiras, nas salas de aula das universidades, nos grupos de estudos e pesquisa da atividade pedagógica e da formação de educadores, nos laboratórios, na oficina pedagógica de matemática, nas bibliotecas e nos eventos acadêmicos. Companheiros(as) que mediavam minha existência e a produção teórica que buscava formular. Companheiros(as), sem os(as) quais não seria possível tal produção.

O produto material dessa caminhada foi a tese intitulada *Estudantes de Pedagogia e a "atividade de aprendizagem" do ensino em formação*, orientada pelo querido mestre Prof. Dr. Manoel Oriosvaldo de Moura, defendida na Universidade de São Paulo, em 2004, que incorporando as modificações necessárias se transformou neste livro.

A todos e a todas, meu muito obrigado!

Maria Isabel Batista Serrão
Florianópolis, abril de 2006.

Eu sou otimista, acredito na contradição social. A mesma sociedade que cria o adesismo cria uma reação contra isso. O importante é procurar um nível de coerência entre pensar e fazer. Não é fácil. É um dos exercícios mais difíceis que o homem tem diante de si, mas do qual não pode fugir.
(Maurício Tragtenberg)

Sumário

Apresentação 13

1. UM PONTO DE PARTIDA 17
2. O ENSINO: POSSIBILIDADES DE FORMAR 31
   2.1 Do lugar de partida e de seus sujeitos 32
   2.2 A terra conquistada — o lugar social onde se situam as escolas 34
   2.3 Os herdeiros de um sonho 36
   2.4 Quando o método orienta a metodologia de ensino: momentos de uma singularidade 37
      2.4.1 A apropriação de conceitos 39
      2.4.2 O exercício da observação 41
      2.4.3 O exercício dos projetos de ensino 45
      2.4.4 A comunicação do que foi aprendido 49
3. AS INTERAÇÕES EM UMA SINGULARIDADE NA FORMAÇÃO DE PROFESSORES 53
   3.1 As interações entre estudantes, MST e crianças dos assentamentos e acampamentos 58
   3.2 As interações entre estudantes universitárias e estudantes das escolas de ensino fundamental 67
   3.3 As interações entre estudantes universitárias e professores das escolas de ensino fundamental 71

3.4 As interações entre os próprios estudantes universitários ... 73

3.5 As interações entre estudantes e professores
universitários 79

4. ATIVIDADE HUMANA E EDUCAÇÃO 87

4.1 Ser humano em atividade 87

4.2 Aspectos da abordagem da "atividade humana" sob o
enfoque da Psicologia Histórico-Cultural 95

4.3 "Atividade de estudo", "atividade de aprendizagem",
"atividade em comum" e "atividade orientadora
de ensino" 115

4.4 A "atividade de aprendizagem" na formação
universitária de professores 131

**5. SENTIDO E SIGNIFICADO: ELEMENTOS
CONSTITUTIVOS DA "ATIVIDADE DE
APRENDIZAGEM"** 145

5.1 A formação do sentido 145

5.2 Sentido e significação 151

5.3 Sentido e significado na "atividade de aprendizagem"
em formação 164

6. O LUGAR DA UTOPIA 175

Referências bibliográficas 189

Apresentação

Um livro: um autor. Eis uma afirmação que, mesmo sendo uma verdade, estou pronto a contestá-la. Maria Isabel Batista Serrão, a Bel, é a autora, mas na individualidade da Bel vejo múltiplos autores. Estes são companheiros das muitas lutas travadas ao longo de sua jovem, mas intensa e profunda vida acadêmica. Os autores que constituem a escrita da Bel são atores de uma vida partilhada com generosidade. As narrativas memoradas se materializam nas palavras que dão substância ao que está escrito com rigor e paixão. Palavras que não poderiam estar separadas na escrita da Bel, pois o respeito com que sempre tratou os seus parceiros só pode ser retratado pela paixão pelo que faz e cuja expressão tem que ser rigorosa para dar a este respeito pelo outro a qualidade que é própria dos que amam o que fazem.

Não vou falar do livro que vi sendo escrito e acompanhei de perto a produção das idéias, mas sinto o desejo de chamar atenção do leitor para que veja no texto que lerá um modo de partilhar o que foi realizado pelo imenso respeito aos outros que auxiliaram a atividade de aprender a ensinar, ao compartilharem o ato de aprender. Bel é destas pessoas que ao escreverem retratam o modo vivo de se fazer educação. É uma escritora militante por representar uma prática militante. Seus motivos de educadora vinculam-se a uma necessidade de promover no outro a paixão pelo aprender. E neste caso, pelo aprender a ensinar. Ensinar na diversidade, no lugar onde o conhecimento talvez seja a última arma de que os sujeitos nele comprometidos encontram a esperança de se fazerem compreender ao compreenderem o que lhes imprimem como pessoas.

Assim, o livro que será lido precisa estar sendo imaginado, recriado pelo leitor com a dimensão de um escritor de muitas representações. O meu testemunho é de um destes participantes como ator no cenário que constitui parte da vivência da autora. Por ser ator, presencio e testemunho a concretização de um livro que representa autores que escrevem para imprimir mudanças. Sim, mudanças. A Bel foi àquele lugar que um professor está a procura: o lugar onde existe o motivo para aprender. Ela também levou futuras professoras para este lugar para que elas vissem o nascedouro do motivo para ensinar.

O livro é este movimento da produção do motivo. Mais que isto, é o movimento da mobilização para o ensinar e o aprender de forma comprometida com o outro. Não digo o que encontrar no livro e sim o que encontrei: o que considero uma autêntica representação do movimento de formar-se profissional. Vi e li a trajetória vivida de formar-se, construída de forma coerente onde os autores que contribuíram para esta formação retornam aos seus leitores de modo contundente em busca da reverberação das ações que pretendem impactar naqueles que fazem da educação a única dimensão que deveria ter: a criação do humano.

Ao tratar da educação na dimensão de uma atividade humanizadora, o livro é o exemplo de como o escrever pode ser também uma atividade, na perspectiva *leontieviana*. A necessidade de humanizar, motivada pela indignação contra a desigualdade leva ao ato genuinamente humano: a ação intencional de modificar. E isto é feito com o instrumento mais poderoso que o homem já criou: o conceito consubstanciado na palavra.

E, como não poderia deixar de ser, o livro representa o exemplo da atividade humanizadora. É fruto de uma atividade coletiva na criação do humano ao dar movimento ao modo de construir a atividade de aprendizagem. Os futuros educadores, ao procurarem o modo de educar, foram construindo um modo de se fazerem educadores e nesse movimento, certamente puderam compreender que não há modo de se fazer educador se não for pelo modo de criar o ato de educar, onde os outros constituem o eu que age para impactar o outro no ato educativo.

Manoel Oriosvaldo de Moura
São Paulo, abril de 2006.

Vivi, olhei, li, senti, Que faz aí o ler, Lendo, fica-se a saber quase tudo, Eu também leio, Algo portanto saberás, Agora já não estou tão certa, Terás então de ler doutra maneira, Como, Não serve a mesma para todos, cada um inventa a sua, a que lhe for própria, há quem leve a vida inteira a ler sem nunca ter conseguido ir além da leitura, ficam pegados à página, não percebem que as palavras são apenas pedras postas a atravessar a corrente de um rio, se estão ali é para que possamos chegar à outra margem, a outra margem é o que importa, A não ser, quê, A não ser que esses tais rios não tenham duas margens, mas muitas, que cada pessoa que lê seja, ela, a sua própria margem, e que seja sua, e apenas sua, a margem a que terá de chegar, [...]

(Diálogo de Cipriano Algor com sua filha, em *A Caverna*, de José Saramago).

1
Um ponto de partida

> Nenhum inquérito, nenhuma monografia é integral. *Apenas coloca certas questões à realidade e escolhe os fatos à luz dessas questões.*
> (Goldmann, 1986, p. 39, grifos do autor)

Desde a constituição do sistema público de ensino e, de forma mais acentuada, no período da expansão da rede pública escolar[1], processo orientado pelo princípio de democratização do acesso de crianças e adolescentes à educação básica, a formação de professores vem tomando um lugar de destaque no cenário educacional brasileiro, seja na definição de políticas e programas de formação de gestões governamentais seja na sua eleição como objeto de estudo.

Pode-se afirmar que tal fato surge como decorrência de inúmeros fenômenos das mais diversas ordens. Talvez por isso, a produção do fracasso escolar passou a ocupar papel especial na reflexão sobre a escola, já que o enfoque da análise das causas desse fenômeno tem se deslocado das dificuldades de aprendizagem e condições de vida do estudante para o professor, apontado como principal responsável. Em ra-

---

1. Sobre esse momento histórico, especificamente sobre a relação entre "Revolução Educacional" e "Massificação do Ensino", recomenda-se, em especial, a leitura de Paiva, Guimarães, Paiva e Durão (1998).

zão disso, sua formação, considerada como precária, assume o destaque mencionado.

A formação de professores vem ocorrendo em diferentes níveis em todo mundo e com os mais diversos formatos. Todavia, conforme considera Gatti (1996, p. 342), como síntese dos debates do Seminário Internacional *Professores: Formação, Carreira e Salário*[2], o que parece comum é a desarticulação entre o que se faz no interior das agências de formação e a realidade do ensino fundamental e médio. Assim, sem desconsiderar que a qualidade da formação também é definida pelas condições de trabalho às quais o professor está subsumido, o desafio que se impõe é o de "pensar mais nos conteúdos formadores e menos nas estruturas, aproximando-nos mais das necessidades das salas de aulas no 1º e 2º graus". (Gatti, 1996, p. 342)

Para enfrentar tal desafio, e referindo-se aos elementos constitutivos da formação docente, Barreto (1996) avalia que, no seminário acima mencionado, que considerou como expressão da síntese dos pesquisadores na área de formação de professores,

> destacou-se a importância de assegurar a competência intelectual e técnica do professor, esperando-se dele a participação ativa no processo de elaboração e reelaboração do conhecimento que ocorre na escola, a capacidade de regular situações de aprendizagem, de inovar e de trabalhar com parceiros. Ressaltou-se também a necessidade de que ele possua uma visão abrangente de sociedade e uma concepção integrada do ensino básico. (Barreto, 1996, p. 333)

Muito foi produzido sobre formação de professores, no Brasil e no mundo, da realização do seminário até hoje.

Considerando a importância da contribuição internacional[3], mas sobretudo focalizando especificamente a produção acadêmica brasileira

---

2. Esse Seminário, organizado pelo Núcleo de Pesquisas sobre Ensino Superior da USP e Fundação Carlos Chagas e realizado no final de 1995, reuniu pesquisadores latino-americanos e europeus, um representante da Fundação Ford, representantes de entidades sindicais brasileiras relacionadas à educação, autoridades governamentais no âmbito educacional do Brasil, da Argentina, da Tailândia e da França.

3. Principalmente por sua freqüente referência em textos de autores nacionais e/ou por suas publicações brasileiras, confira, em particular, Alarcão, 1996; Contreras Domingo, 1997; Enguita, 1998; Edelstein e Coria, 1995; Kincheloe, 1993; Marcelo, 1995, 1998 e 1999; Nóvoa,

APRENDER A ENSINAR 19

sobre a formação de professores, verifica-se que parcela significativa dessa produção concentra suas análises em um amplo quadro referencial que abrange desde os elementos constitutivos da formação inicial[4] e continuada até os da identidade, saberes e profissionalização docente. Assim, enquadram tanto a política educacional, história da educação, sociologia da educação, psicologia da educação, como os temas relacionados ao currículo, à didática e à prática pedagógica desenvolvida no cotidiano escolar.[5]

André, Simões, Carvalho e Brzezinski (1999), ao apresentarem dados relativos ao "Estado da arte da formação de professores no Brasil", informam que 115 artigos publicados em 10 periódicos da área de Educação, de 1990 a 1997, abordam o tema. Nesse universo, constatam, ainda, que 27 textos dissertam sobre formação inicial e *seis* sobre o curso de Pedagogia.

Os artigos voltados para a formação inicial apresentam os seguintes conteúdos:

a) a busca da articulação entre teoria e prática ou a busca da unidade no processo de formação docente; b) a necessidade de integração entre o Estado, as agências formadoras e as agências contratantes de profissionais de educação para implantação de políticas públicas e de um projeto nacional de educação alicerçado na formação profissional, na participa-

---

1995 e 1995a; Pérez Gómez, 1998; Perrenoud, Pasquay e Charlier, 2001; Perrenoud, 1993 e 2002; Rodrigues e Esteves, 1993; Tardif, 2000 e 2002; Zeichner, 1993, 1998, 1998a.

4. A formação inicial é entendida pelas pesquisas como a formação oferecida nos cursos de Magistério, no âmbito do ensino médio e dos cursos de licenciatura e de Pedagogia, no ensino superior.

5. Confira, por exemplo, Abdalla, 2000; André et alii, 1999; André, 2000 e 2001; Arroyo, 1999 e 2002; Barreto, 1996; Bicudo e Silva Junior, 1996 e 1999; Borges, 2001; Brzezinski, 1997 e 1999; Campos, 1999; Collares et alii, 1999; Correia, 1999; Cunha, 1999; Cunha, C. 1999; Fontana, 2000; Franchi, 1995; Franco e Kramer, 1997; Freitas, 1996 e 1999; Gatti, 1996; Gemaque, 1997; Geraldi, Fiorentini e Pereira, 1998; Goergen e Saviani, 1998; Hypólito, 1999; Kuenzer, 1999; Libâneo e Pimenta, 1999; Lellis, 1997 e 2001; Lima, 2001; Lüdke, Moreira e Cunha, 1999; Lüdke, 1998 e 2001; Marin, 2000; Marques, 1992; Melo, 1999; Menezes, 1996; Monteiro, 2001; Moreira, 1998; Moura, 1998, 2000 e 2001; Nascimento, 1997; Nogueira, 1997; Nunes, 2001; Piconez, 1991; Pimenta, 1994 e 1999; Pimentel, 1993; Polettini, 1998; Prada, 1997; Reali e Mizukami, 1996; Rios, 2001; Salgueiro, 1998; Scheibe e Aguiar, 1999; Serbino, Ribeiro, Barbosa e Gebran, 1998; Shigunov Neto e Maciee, 2002; Silva et alii, 1991; Terrazan, 1998; Vasconcelos, 2000; Veiga, 1998; Veiga e Araújo, 1999; Villa, 1998.

ção docente e na valorização do magistério; c) a construção da competência profissional, aliada ao compromisso social do professor, visto como intelectual crítico e como agente da transformação social; d) a ruptura com a fragmentação e o isolamento instituído entre o curso de pedagogia e as demais licenciaturas; e) o caráter contínuo do processo de formação docente, e f) o importante papel da interdisciplinaridade nesse processo. (André et alii, 1999, p. 305)

Na pesquisa também foram analisados os *70* trabalhos apresentados no Grupo de Trabalho "Formação de Professores" da ANPEd (Associação Nacional de Pós-Graduação e Pesquisa em Educação) no período de 1992 a 1998. Os dados revelam que 29 textos (41%) voltam-se para a formação inicial e, para a Pedagogia, *oito*, o que representa *28%* desse universo e *11,43%* do universo total.

Quanto ao conteúdo dos trabalhos que abordam o curso de Pedagogia, verifica-se que estes

focalizam os movimentos de reformulação do curso no país; revelam as deficiências desses cursos, seja pela distância entre a proposta curricular e suas práticas, seja pela falta de articulação entre os docentes formadores, seja pela separação entre discurso e prática. Buscam, ainda, mostrar o peso das representações relacionadas à experiência familiar na relação professor-aluno. (André et alii, 1999, p. 307-308)

Em complementação a essa pesquisa, André (2000) mostra que das 6.244 teses e dissertações defendidas de 1990 a 1998 nos programas brasileiros de pós-graduação em Educação, 410 abordam o tema formação de professores, o que representa uma média de 6,6%. O total de textos que tratam da formação inicial representa 72% desse universo. E apenas 9% das 410 pesquisas se referem ao curso de Pedagogia.

No que tange ao conteúdo dos textos voltados ao curso de Pedagogia,

observa-se que os subtemas priorizados nesses trabalhos são: *avaliação do curso* (17) ou o estudo de uma *disciplina pedagógica* (9). O aspecto mais enfatizado nas avaliações do curso é o currículo (7), seguido das políticas de formação (4) e da educação à distância (2). Nos trabalhos que investigam disciplinas, a *Prática de Ensino é a mais enfatizada* (6), havendo ainda um estudo sobre didática, um sobre psicologia e um sobre a disciplina de fundamentos da educação. Aparecem nesse subconjunto quatro estudos sobre as habilitações da pedagogia, sendo um sobre educação infantil, um sobre administração educacional, um sobre docência para o ensino médio e um sobre supervisão. Além desses, aparecem *três estudos sobre o aluno da pedagogia*, dois sobre o professor, quatro estudos históricos, e um sobre educação ambiental. (André, 2000, p. 88-89, grifos nossos)[6]

O número exíguo de pesquisas sobre os estudantes do curso de Pedagogia e sobre a Prática de Ensino e/ou Estágio Supervisionado no Ensino Fundamental, também pode ser constatado em consulta ao acervo do Banco de Teses da CAPES. Das 60 pesquisas realizadas sobre o curso de Pedagogia, no período de 1987 a 2002, nos níveis de mestrado e doutorado, foram encontrados apenas *oito*: quatro abordaram o corpo discente de tal curso; três relacionadas ao estágio e/ou prática de ensino; e uma, a única no nível de doutorado, que abrangeu as duas temáticas. Contudo, nenhuma delas tratou especificamente sobre a aprendizagem dos estudantes do curso, mais especificamente sobre a formação do sentido e significado da atividade de "aprendizagem" desses indivíduos.

O curso de Pedagogia, como os demais âmbitos da educação escolar neste país, tem sido alvo de medidas provisórias e outros instrumentos institucionais que configuram a política educacional brasileira.

A polêmica sobre a finalidade formativa de tal curso e a que agência formadora compete a responsabilidade da formação de professores da educação básica impõe-se no cenário político educacional brasileiro. O conteúdo das pesquisas parece expressar esse momento histórico, especialmente quando os dados expostos acima revelam que aspectos das reformulações curriculares são um dos principais temas abordados pelas pesquisas brasileiras nessa área.

---

6. No mesmo período da publicação da pesquisa realizada por André, Simões, Carvalho e Brzezinski, os pesquisadores Betânia Leite Ramalho e Isauro Beltrán Nuñez (1999/2000) divulgam os resultados de uma pesquisa sobre os trabalhos do GT Formação de Professores apresentados na 20ª Reunião Anual da ANPEd; do GT Formação de Professores do XIV Encontro de Pesquisa Educacional do Nordeste e XI Encontro de Didática e Prática de Ensino. A preocupação com enfoque teórico-metodológico é a tônica do texto, o qual revela a presença da dispersão semântica na pesquisa educacional sobre formação de professores.

A constatação das antigas e persistentes "deficiências" do curso de Pedagogia, bem como a evidência do exíguo número[7] de estudos sobre os aspectos relacionados aos estudantes desse curso, insistem em indicar a necessidade de compreender o processo de formação de professores que ocorre nesse âmbito.

Diante disso, como professora de um dos cursos públicos de Pedagogia, parece lícito buscar conhecer os elementos constitutivos da aprendizagem nesse curso.

Muitos podem ser os caminhos dessa busca. Contudo, *o objetivo posto para esta pesquisa foi o de investigar o processo de constituição da "atividade de aprendizagem" da prática de ensino, desenvolvida por estudantes de Pedagogia que participaram de uma singular experiência de formação universitária de professores.*[8]

A especificidade desse processo de formação universitária de professores se refere às "atividades" desenvolvidas nas disciplinas relacionadas ao *ensino da prática de ensino* oferecida pelos cursos de Pedagogia e Educação Física da Universidade Federal de Santa Catarina, realizadas em três escolas públicas[9] e em uma escola itinerante[10], situadas em regiões

---

7. Mais precisamente, os estudos anteriormente mencionados indicam a existência de apenas três textos (Damis, 1996; Freitas, 1993 e Lima, 1997); quatro dissertações de mestrado (Fernandes, 1995; Cunha, 1989; Tridapalli, 2000; Becker, 2001) e uma tese de doutorado (Freitas, 1993).

8. Uma análise bastante preliminar desta pesquisa, que no período estava em desenvolvimento, foi exposta no XI ENDIPE (Encontro Nacional de Didática e Prática de Ensino) e excertos do texto apresentado foram, aqui, recuperados e seu conteúdo consideravelmente redimensionado. (Cf. Serrão, 2002)

9. No período entre 1997 e 1999, uma escola, denominada Escola Estadual de Ensino Fundamental 25 de Maio, oferecia a quinta, sexta, sétima e oitava séries do ensino fundamental. Outras duas, Nossa Senhora Aparecida e 24 de Junho, distantes aproximadamente dois quilômetros uma das outras, ofereciam as primeiras séries do ensino fundamental, e estão situadas respectivamente nos Assentamentos Vitória da Conquista e União da Vitória. Tais escolas atendiam aproximadamente 200 estudantes.

10. As escolas que se formam nos acampamentos organizados pelo MST são assim designadas e no Estado do Rio Grande do Sul já são reconhecidas pelo poder público como instituições públicas de ensino. Essa escola atendia crianças, filhos de famílias que formavam o acampamento Darcy Ribeiro, constituído a partir do final do ano de 1998. Funcionava em um galpão de seleção e empacotamento de grãos de feijão, de propriedade de uma cooperativa de agricultores dos assentamentos da mesma região, situado próximo a área do acampamento. Para conhecer mais sobre escolas itinerantes, consulte MOVIMENTO DOS TRABALHADORES RURAIS SEM TERRA. Escola Itinerante em acampamentos do MST. *Estudos Avançados*, São Paulo, v. 15, n. 42, 2001.

de assentamentos da Reforma Agrária e acampamentos[11] vinculados ao Movimento dos Trabalhadores Rurais Sem Terra — MST[12], no município de Fraiburgo, planalto central do Estado de Santa Catarina.

A escolha desses assentamentos do município de Fraiburgo foi decorrência da avaliação dos educadores do Setor de Educação do MST e dos professores da Universidade, os quais concluíram ser viável o desenvolvimento de um trabalho como o descrito. E isso por dois motivos: de um lado, o número de escolas da região, que comportaria a quantidade de estudantes interessados, sem tumultuar o cotidiano pedagógico dessas escolas e, por outro lado, o vínculo já estabelecido por um dos professores envolvidos no trabalho.

Esse singular processo de formação universitária de professores teve origem quando, em 1997, vários professores de escolas públicas, onde estudam filhos de trabalhadores rurais, na maioria vinculados ao MST, partem dos mais diferentes e distantes lugares do Estado de Santa Catarina rumo à capital e chegam à Universidade Federal de Santa Catarina, tendo como meta definir o perfil do educador e do projeto político-pedagógico das escolas da Reforma Agrária, por meio da exposição de problemas, reflexão e debate. Pela primeira vez, a universidade catarinense é ocupada por educadores provenientes de grupos com aquela especificidade. A partir desse evento, outros iriam se originar e se multiplicar por todo o país, culminando em um encontro nacional.

Alguns professores e estudantes universitários, instigados por essas exposições críticas, passaram a participar das ações propostas no evento, desde a comunicação e discussão sobre os diferentes trabalhos desenvolvidos em escolas de assentamentos e acampamentos, realizadas em pequenos grupos, até a plenária de encerramento.

Conhecer de perto o cotidiano escolar, do qual tanto ouviram falar no encontro, tornou-se mais do que um desejo. Surgiu, então, a propos-

---

11. Acampamento é uma das formas de organização encontrada pelo MST para reivindicação de ações do Estado referentes à Reforma Agrária. Normalmente é caracterizado pela aglutinação de barracos fabricados com lona preta e madeira, onde vivem famílias aguardando os desdobramentos de negociações entre MST e o Estado. Assentamento é a denominação oficial das regiões destinadas à Reforma Agrária.

12. No presente texto a referência ao Movimento dos Trabalhadores Rurais Sem Terra ocorrerá por meio de sua conhecida sigla: MST.

ta de concretizá-lo por intermédio da disciplina "Prática de Ensino da Escola de Ensino Fundamental: Séries Iniciais"[13] em escolas de assentamentos da Reforma Agrária.

A proposta foi exposta a um dos professores do curso de Educação Física, que já havia estabelecido o tema "a educação em assentamentos" como objeto de seus estudos acadêmicos e participado de diversas ações promovidas pelo MST, além de, naquela ocasião, ter sido responsável por uma disciplina análoga nesse curso.[14] Em seguida, as linhas gerais do trabalho foram discutidas com o referido professor, que as aprovou, e posteriormente aceitas pelos estudantes matriculados nessa disciplina.

Buscando ultrapassar fronteiras historicamente impostas, estudantes e professores do curso de Educação Física e de Pedagogia partiram rumo às referidas escolas públicas. Admitir os limites dos cursos específicos e conquistar possibilidades de agir coletivamente eram alguns dos desafios. Nesse caso, para os futuros pedagogos, o que se almejava era que compreendessem a prática pedagógica escolar voltada às crianças, reconhecendo as contribuições da Educação Física, principalmente no que tange à "cultura corporal/de movimento".[15] Já no que se refere aos futuros professores de Educação Física, visava-se que entendes-

---

13. Essa disciplina, oferecida semestralmente aos estudantes, é obrigatória no currículo dos cursos de Pedagogia e Educação Física. Portanto, a cada semestre letivo, novas turmas de estudantes se constituem. Até 1997 tal disciplina era desenvolvida somente junto a escolas públicas de ensino fundamental, em Florianópolis e em outros municípios próximos.

14. Esse professor, chamado Ari Lazzaroti Filho, foi admitido pela Universidade Federal de Santa Catarina em caráter provisório, na condição de professor substituto. Essa situação o levou a deixar esse trabalho de formação de professores no semestre seguinte, pois o seu prazo contratual havia expirado. A partir de 1998, o trabalho ganhou uma outra dimensão: a entrada do professor Paulo Ricardo do Canto Capela, o qual passou a assumir, com compromisso político e competência profissional, igualmente, a parceria no processo. A partir desse momento, o trabalho adquiriu uma possibilidade maior de continuidade e ampliação, uma vez que o contrato de trabalho desse professor prevê a obrigatoriedade de realização de atividades de ensino, pesquisa e extensão, diferentemente, portanto, do contrato mantido com o professor anterior que restringia sua atuação profissional ao ensino.

15. "Cultura corporal" e "cultura de movimento" são conceitos presentes em formulações teóricas de pesquisadores da Educação Física, que buscaram se contrapor à abordagem tradicionalmente desenvolvida por esse campo de conhecimento. Sobre "cultura corporal" e "cultura de movimento", consulte respectivamente Coletivo de Autores (1992) e Kunz (1994).

sem a "cultura corporal/de movimento" produzida naquele contexto, considerando os elementos teórico-metodológicos que a Pedagogia poderia oferecer. Para ambos, o objetivo era que elaborassem uma síntese dessas abordagens sobre o fenômeno em tela, respeitando a particularidade da educação rural e especialmente os aspectos histórico-culturais que constituem a realidade educacional construída por sujeitos participantes de um determinado movimento social.

No decorrer do processo, vários obstáculos se interpuseram e muitas dúvidas surgiram, porém havia também uma certeza: a necessidade de realizá-lo da melhor maneira, tanto do ponto de vista político quanto acadêmico. Essa necessidade me motivou, como uma das professoras responsáveis pela disciplina, no curso de Pedagogia, a assumir uma atitude peculiar caracterizada pelo "estranhamento" diante do que vinha sendo realizado. Essa atitude, marcada por inúmeras indagações, tornando o "familiar" em "estranho", gerou o desencadeamento de ações no sentido de investigar os elementos constitutivos daquela realidade, especialmente aqueles relativos à "atividade de aprendizagem" dos estudantes, culminado na elaboração de um projeto de pesquisa para seleção, no Programa de Pós-Graduação em Educação da Universidade de São Paulo.

Assim, a partir de 2000, tornei-me estudante desse programa de pós-graduação, ocupando, desse modo, um outro "lugar social". Fato relevante, pois, segundo Alexis N. Leontiev (1978), o "lugar social" do sujeito configura sua particular "atividade humana"; se o lugar social sofre alteração, conseqüentemente, a "atividade humana" do sujeito também se modifica. Nesse sentido, entendo que a "atividade principal"[16] desempenhada por mim se modificou: passou a ser a pesquisa.

Como parte do processo de investigação, chegou-se ao seguinte problema o qual deveria ser elucidado pela pesquisa: *como se constitui a "atividade de aprendizagem" da prática de ensino das séries iniciais do ensino fundamental, desenvolvida por estudantes de Pedagogia, a partir do estudo de um singular processo de formação de professores no ensino universitário?*

---

16. Esse conceito "atividade principal", formulado por Leontiev, refere-se à atividade predominante do sujeito que a desempenha em cada momento do seu desenvolvimento ontogenético, que lhe confere a possibilidade de se formar como ser humano.

Apesar de as situações de ensino relacionadas à disciplina "Prática de Ensino da Escola de Ensino Fundamental: Séries Iniciais" ocorrerem, até 2000, de forma conjunta com estudantes dos cursos de Pedagogia e de Educação Física, a pesquisa desenvolvida voltou-se para os estudantes de Pedagogia. A opção pelo foco nas estudantes[17] do curso de Pedagogia pauta-se por vários elementos e dentre eles se destacam: os aspectos já mencionados relativos ao reduzido número de estudos acerca da aprendizagem dos estudantes do curso de Pedagogia; o fato de eu ser professora daquele curso e especialmente ter desenvolvido minha formação em Educação: graduação em Pedagogia, mestrado em Filosofia e História da Educação, doutoramento em Educação. A inclusão dos estudantes do curso de Educação Física implicaria em concentrar esforços para iniciar uma necessária incursão em um campo de conhecimento específico e amplo, que reúne pesquisadores com formação peculiar. O desafio de investigação acerca da "atividade de aprendizagem" de tais estudantes poderia, portanto, ser assumido com maior legitimidade pelos pesquisadores de tal campo e não por alguém que, apesar da proximidade acadêmica e profissional, não detivesse os conhecimentos específicos dessa área de estudo.

Considerando as peculiaridades do objeto em questão, a opção teórico-metodológica de realizar uma pesquisa qualitativa, de cunho participante, caracterizada por um estudo de caso, e que incorporasse seus limites e possibilidades, pareceu ser a mais adequada para tais fins.

A leitura da bibliografia relativa ao tema, as observações, os registros de campo, bem como as entrevistas e análise documental dos textos elaborados pelas referidas estudantes, ofereceram elementos para apreensão do movimento de aprendizagem de tais sujeitos, ainda que de forma provisória. Portanto, é importante ressaltar que a ênfase da minha atitude, como pesquisadora, buscou incidir no estudo e no estabelecimento de nexos entre os dados coletados e não na intenção deliberada de provocar quaisquer alterações no objeto de investigação ou

---

17. Como no período entre 1997 e 1999 a totalidade de matriculados na referida disciplina do curso de Pedagogia era composta por mulheres, a referência a essas estudantes será efetuada considerando o gênero feminino. Embora a realização conjunta dessa disciplina tenha se prolongado até 2000, o período analisado será o de 1997-1999, uma vez que a partir de 2000, como já mencionado, eu me afasto da atividade docente e assumo integralmente a atividade de pesquisa, no curso de doutorado.

na participação conjunta das referidas estudantes no processo de formulação teórica sobre o fenômeno.

Conforme afirma Kopnin (1978, p. 52), "a concordância, a coincidência entre as leis do pensamento e as leis do ser não significa que entre elas não haja qualquer diferença. Elas são unidas por conteúdo, mas diferentes pela forma da existência". A particularidade das formas de pensamento das estudantes pareceu configurar-se pelo movimento (lógico e histórico) da apropriação de conhecimentos referentes ao ensino. As estudantes, ao exercerem sua "atividade principal", o estudo, forjaram formas próprias de existência e de pensamento. Eram estudantes que realizaram suas atividades em extensão e período de tempo específicos, em um dos semestres letivos de 1997, 1998 e 1999. Além disso, a realização dessa "atividade principal" ocorreu em um espaço, um lugar configurado sócio-culturalmente: escolas públicas situadas em assentamentos rurais e acampamentos, vinculadas ao MST, sob a coordenação de uma instituição pública de ensino superior. Cada estudante organizou seu pensamento, subjetivamente, de maneira única, contudo o fez principalmente pelas relações sociais estabelecidas mediadas por instrumentos simbólicos peculiares a esta singular modalidade de formação universitária, trazendo consigo o acervo cultural apropriado ao longo dos anos de sua existência, em situações formais e informais de educação. Nessa direção, o movimento lógico e histórico constituiu tanto o conteúdo da existência desses seres humanos, a de ser estudante naquele tempo e lugar, quanto o de sua forma de pensar. Tudo isto, é claro, adotando-se o princípio do recorte analítico, pois tais seres não se constituem apenas estudantes, já que são mulheres, prole ou até mesmo partícipes de uma classe social determinada pelas relações sociais de produção de sua existência e por um certo nível de desenvolvimento das forças produtivas.

Visando a apreender os elementos constitutivos da "atividade de aprendizagem" da prática de ensino das séries iniciais do ensino fundamental desenvolvida por estudantes do curso de Pedagogia, naquele singular processo de formação universitária de professores, e assumindo, portanto, que "a linguagem consubstancia nas palavras os resultados do pensamento" (Kopnin, 1978, p. 150), a entrevista com as referidas estudantes, bem como a análise da produção escrita pelas mesmas, dentre os procedimentos descritos acima, pareceram ser procedimentos apropriados para a coleta de dados sobre o fenômeno. Mas importa registrar que a materialização dessa linguagem ocorreu em tempos diferentes. Houve um primeiro momento: o da escrita, localizado no período em que as estudantes concluíram a referida disciplina; e um segundo: o da entrevista oral, ocorrida, para um grupo de estudantes, em um intervalo de dois anos e, para outro, de três anos, após concluírem a disciplina. Porém, os dados considerados prioritários para a análise foram aqueles obtidos por meio das entrevistas com as estudantes. Como a pesquisa realizou-se após o ensino, quando essas estudantes foram entrevistadas elas já eram profissionais da educação. Essa nova condição das entrevistadas pareceu oferecer importantes elementos, dentre eles a possibilidade de criação de novas significações às "atividades de aprendizagem" desenvolvidas, o que justificou privilegiar esses dados. Assim, considerou-se que essa opção metodológica proporcionaria a possibilidade de compreender aspectos do movimento da "atividade de aprendizagem" desses sujeitos em movimento.

A veiculação do conteúdo das entrevistas realizadas obteve o consentimento das pessoas entrevistadas. No entanto, não foi possível a citação de excertos de todos depoimentos, apesar do reconhecido mérito dos mesmos. Dessa maneira, as estudantes estão presentes neste texto por meio da palavra editada em algumas citações elucidativas e pelo teor dos depoimentos, que foi contemplado no corpo do texto para que se evitasse fragmentação excessiva da exposição dos resultados a que se chegou pela pesquisa. Assim, de uma forma e de outra, se buscou preservar a valiosa contribuição de cada estudante. Cabe ainda ressaltar que as referências das citações dos depoimentos foram efetuadas nominalmente e por meio de pseudônimos, conforme o desejo e a autorização das estudantes.

No decorrer desta pesquisa assumiu-se que conhecer é um movimento de idas e vindas, de continuidade e rupturas, de aproximações sucessivas do objeto que se pretende apreender. É um processo que requer a formulação de análises e sínteses de múltiplas relações, ainda que provisórias, dado o seu caráter histórico.

Nesse sentido, o esclarecimento e a definição do problema de estudo como um ponto de partida para esta investigação foi uma das primeiras atitudes tomadas, que, por sua vez, se converteu em um só momento no distanciamento e na aproximação do objeto que se pretendeu conhecer.

Caracterizar o ensino, como uma possibilidade de formação, que pôde ter proporcionado a "atividade de aprendizagem da prática de ensino" das referidas estudantes, tornou-se o passo seguinte na apreensão dos elementos constitutivos de tal atividade. Assim, partiu-se do seu campo mais geral, o das interações sociais. A análise desse campo, com ênfase nas interações estabelecidas entre estudantes, MST, crianças, estudantes das escolas de ensino fundamental, os estudantes universitários, os professores das referidas escolas e professores universitários, também revelou a singularidade do que ocorreu nesse processo de formação universitária.

Realizar o trânsito entre essa singularidade e o universal "atividade humana" exigiu o estudo de elementos da origem desse conceito, bem como o das suas contribuições para a compreensão da "atividade de aprendizagem da prática de ensino" como uma particular "atividade humana", sob o enfoque histórico-cultural.

E, como toda "atividade humana" apresenta um significado produzido histórico-culturalmente e um sentido pessoal próprio do sujeito de cada atividade em particular, expresso por palavras que igualmente possuem significados e sentidos específicos em determinado tempo e espaço para diferentes indivíduos, fez-se necessário compreender os nexos teórico-metodológicos dessas relações, em busca da apreensão de alguns dos elementos constitutivos do significado e do sentido pessoal da "atividade de aprendizagem da prática de ensino" para seus sujeitos.

Por fim, a reflexão acerca dos elementos das atividades de ensino e de aprendizagem da prática de ensino, como particulares "atividades humanas" realizadas no âmbito da formação universitária, indica, mais uma vez, a necessidade de se criar condições históricas para que novas relações sociais possam vir a se tornar realidade. Atuar no ensino universitário, transformando-o em um campo de possibilidades de desenvolvimento das múltiplas dimensões humanas, em especial no âmbito da formação universitária de professores, parece ser uma utopia que requer dos trabalhadores em geral, e, em particular, dos trabalhadores da educação, a efetivação do compromisso ético e político na direção acima apontada.

Assim, convidamos o leitor a compartilhar conosco o resultado a que chegamos.

2
O ensino: possibilidades de formar*

> O professor é agente de reprodução social e, pelo fato de sê-lo, também é agente da contestação, da crítica. (Tragtenberg, 1984, p. 44)

É pela apropriação da experiência humana que o homem se constitui como ser humano. Esse processo ocorre por meio da própria atividade do indivíduo, pois ela reproduz as capacidades que historicamente o ser humano desenvolveu e que estão incorporadas nas mais variadas manifestações culturais, materiais e ideais. (Marx, 1985; Leontiev, 1978; Davidov, 1988 e 1999) A educação escolar é uma das formas de "atividade humana" e, por excelência, a socialmente responsável pela sistematização desse processo. E o professor, como afirma Tragtenberg, é o seu agente. Assim, o ensino, objeto da "atividade" do professor, pode também ser concebido como um dos instrumentos para a formação do homem como ser humano, portanto, para o desenvolvimento da criança (Vigotski, 2001), uma vez que o professor contribui para a constituição e desenvolvimento de sua condição humana. Nessa perspectiva, o ensino é uma possibilidade de formar a pessoa em sua dimensão humana, como sujeito histórico-cultural capaz de, ao se produzir, produzir o mundo, não apenas compreendendo-o, mas principalmente trans-

---

* Parcela do conteúdo deste capítulo foi exposta no XI ENDIPE — Encontro Nacional de Didática e Prática de Ensino. (Cf. Serrão, 2002)

formando-o. (Marx, 1970, 1983 e 1987) Como o desenvolvimento humano é um processo que transcende o tempo cronológico, entende-se que o ensino superior também pode contribuir para sua promoção.

Partindo desses pressupostos, a seguir, apresentar-se-ão aspectos de uma particular "atividade humana", o ensino desenvolvido na formação universitária de estudantes do curso de Pedagogia.

2.1 Do lugar de partida e de seus sujeitos

O curso de Pedagogia foi um dos primeiros a compor a Universidade Federal de Santa Catarina, criada institucionalmente em 1960. Esse curso, estruturado por oito fases[1] semestrais, a exemplo do que ocorreu e vem ocorrendo nacionalmente, sofreu inúmeras reformulações curriculares, sendo a mais recente a implantada em 1995. Do ponto de vista administrativo, sua "base formativa" é constituída pela formação de professores das séries iniciais do ensino fundamental. As habilitações são oferecidas nas duas últimas fases, possibilitando aos estudantes optarem por: Educação Especial, Educação Infantil, Supervisão Escolar ou Orientação Educacional.

A disciplina "Prática de Ensino da Escola de Ensino Fundamental: Séries Iniciais"[2], conforme a estrutura curricular definida, entre 1997 e 1999, tinha uma carga horária de 144 horas-aula semestrais, sendo obrigatória e ministrada na sexta fase do curso de Pedagogia.

Após um intenso e longo processo de "negociações", essa disciplina tornou-se a única obrigatória dessa fase, viabilizando a necessária flexibilidade de tempo e espaço exigida pela organização das suas situa-

---

1. O curso de Pedagogia da Universidade Federal de Santa Catarina tem a duração de quatro anos letivos, divididos em oito semestres letivos que recebem a denominação de fases. A cada semestre mais de uma disciplina é oferecida, diferenciando-se, em seu conjunto, a cada fase.

2. Apesar da nova Lei de Diretrizes e Bases da Educação Nacional, nº 9.394/1996, instituir a substituição da expressão "ensino de 1º Grau" por "Ensino Fundamental", a referida disciplina até o primeiro semestre letivo de 1999 ainda denominava-se "Prática de Ensino da Escola de 1º Grau: Séries Iniciais". Esse dado aparentemente pode parecer irrelevante, mas se for analisado cuidadosamente pode indicar o quanto é moroso o ritmo das mudanças no âmbito educacional, ainda que se refira a uma ação burocrática de substituição de nomenclatura.

ções de ensino. Estas últimas referem-se às necessidades geradas principalmente pela atitude da maioria dos professores efetivos responsáveis por tal disciplina, expressa no respeito que o público das escolas públicas merece. Tal atitude tem contribuído para o fortalecimento do vínculo institucional gradativamente estabelecido entre a universidade e a rede pública de ensino. Esse fato vem acarretando mudanças tanto na qualidade de atuação dos profissionais envolvidos, como na quantidade da carga horária dessa disciplina, ampliada extra-oficialmente de maneira substantiva.

Semelhante ao que acontece em outros cursos de Pedagogia no Brasil, a maioria dos estudantes é do sexo feminino. E como não poderia deixar de ser, esse também é o perfil dos matriculados na disciplina "Prática de Ensino da Escola de Ensino Fundamental: Séries Iniciais".

Os estudantes de Pedagogia que realizaram as situações de ensino de tal disciplina nas referidas escolas públicas rurais, até 1999, eram na sua totalidade do sexo feminino, e sua faixa etária variava de 19 a 45 anos.[3] A maioria delas morava com seus pais, na região metropolitana de Florianópolis. A minoria, apenas cinco, era mãe e, dentre elas, uma era avó. A maioria possuía alguma fonte de recursos para manter sua existência: era bolsista universitária ou trabalhadora assalariada do comércio ou do setor de serviços. Porém, somente três já trabalhavam como professoras, sendo que uma atuava em uma instituição pública de educação infantil e as outras duas em projetos de política pública, implementados no âmbito estadual, relacionados ao ensino fundamental. Cabe ressaltar que essas estudantes compunham um universo maior distribuído, a cada semestre letivo, em outras turmas da sexta fase do referido curso.[4]

---

3. Este dado parece ser relevante, pois confirma a configuração da profissionalização do magistério formada eminentemente por mulheres. Conforme o *Censo do Professor 1997: perfil dos docentes de Educação Básica* (INEP, 1999, p. 97), 85,68% dos professores da educação básica são do sexo feminino. Segundo dados espanhóis, anteriores, analisados por Mariano Enguita (1991), 62,1% de professores que trabalham na Educação Básica Geral, que compreende os oito anos de ensino básico, também são do sexo feminino. Para detalhamento das relações entre gênero e classe social na análise do trabalho docente, confira, em especial, esse texto de Enguita (1991).

4. Em 2003, ano que foram realizadas a maior parte das entrevistas, constatou-se que das 18 ex-estudantes entrevistadas, 12 trabalhavam na rede pública de ensino, como professoras, atuando da educação infantil ao ensino superior.

Se a princípio o encontro dos cursos de Educação Física e Pedagogia foi ocasional, posteriormente revestiu-se de um caráter intencional. Ao longo desses anos houve uma aprendizagem mútua, que exigiu e vem exigindo a realização de um trabalho pedagógico articulado entre ambos cursos, desde o momento da sua concepção até o de seu desenvolvimento.

Apesar dos esforços despendidos nessa direção, tal desafio ainda é um objetivo a ser atingido. A estrutura curricular desses dois cursos tem inviabilizado momentos de encontros regulares entre os estudantes, necessários antes e depois da ida destes aos assentamentos. A finalidade formativa de ambos os cursos, como é distinta, também não tem colaborado para a superação desse desafio. Além disso, a intensificação do processo de trabalho no ensino público superior também tem impossibilitado que os professores responsáveis pelas disciplinas destinem um tempo maior para realização de ações em comum.

2.2 A terra conquistada – o lugar social onde se situam as escolas

Fraiburgo é um município de 32.948 habitantes, ocupa uma extensão territorial de 435 km quadrados, no planalto central do Estado de Santa Catarina. No município, há 12.837 estudantes matriculados no ensino fundamental em escolas públicas e 417 em escolas particulares. O total de docentes das escolas públicas é de 286 e das escolas particulares, apenas 35.[5]

É em sua zona rural em que se encontram os assentamentos da Reforma Agrária denominados pelos assentados de União da Vitória, Vitória da Conquista, Rio Mansinho, Contestado e Chico Mendes, lugar onde vivem os pais, mães e familiares das crianças que freqüentam as escolas públicas municipais de ensino fundamental "Nossa Senhora Aparecida", que oferece primeira e terceira séries, "24 de Junho", segunda e quarta séries, e a escola estadual "25 de Maio", que naquele período oferecia de quinta a oitava séries.[6]

---

5. Os dados foram obtidos no site: www.ibge.gov.br, em 20 de fevereiro de 2002.

6. Esses dados e os seguintes foram obtidos em entrevistas com dirigentes da Direção Estadual do Movimento dos Trabalhadores Rurais Sem Terra do Estado de Santa Catarina, com assentados da região e profissionais do INCRA, entre 1997 e 2003.

Os dois primeiros assentamentos da região foram União da Vitória e Vitória da Conquista que surgiram formalmente em 1987, em conseqüência das primeiras ocupações organizadas pelo MST no Estado de Santa Catarina, datadas de 1985. Nesses assentamentos vivem 79 famílias em propriedades e produção agrícola individuais. É nesses assentamentos que se encontram as referidas escolas. Os principais produtos cultivados são grãos, frutas e legumes. Em alguns lotes também são criados animais para o consumo familiar de carne, ovos, leite e seus derivados.

Em 1987 também foi criado formalmente o assentamento Rio Mansinho, região onde vivem 12 famílias, formadas por pequenos agricultores que ora trabalham em seus lotes, ora trabalham para outros pequenos proprietários que os contratam.

No assentamento Contestado, que existe desde 1991, vivem 24 famílias. Cinco famílias reuniram seus lotes objetivando uma produção coletiva e para tanto criaram uma cooperativa, que envolve mais agricultores. Construíram suas casas próximas umas das outras e lá buscam concretizar uma prática produtiva agro-ecológica, ou seja, sem agredir o equilíbrio da natureza, plantando grãos, frutas, legumes e criando suínos, ovinos e aves. As demais famílias vivem em lotes individuais cultivando pequenas lavouras de grãos e frutas.

Chico Mendes é o assentamento mais recente, surgiu em 1997, após um longo período de ocupação da região que o constitui. Nele vivem 40 famílias. A base da atividade produtiva é a mesma dos dois assentamentos acima mencionados.

Cabe ressaltar que tais famílias além de trabalharem para garantir sua subsistência, ainda têm que pagar ao Estado o valor da terra que estão assentadas, bem como o valor dos financiamentos para a produção agrícola que venham a adquirir. O governo federal, exercendo uma prática jurídica comum e que de fato lhe compete, após a mediação de um intenso processo de negociações políticas entre a direção do MST e os proprietários de terras, comprou e/ou desapropriou as extensões fundiárias que julgou improdutivas e as destinou em lotes de 12 a 18 hectares, aproximadamente, para essas famílias, área que na maioria dos casos, no entanto, não corresponde às que ocuparam.

Os processos de ocupação e distribuição das terras obedecem a critérios definidos institucionalmente. No primeiro caso, a coordenação do MST avalia predominantemente a função social de determinadas extensões fundiárias, conforme determina a constituição brasileira, bem como a condição fiscal dos proprietários dessas terras, certificando-se de que os primeiros são devedores do Estado brasileiro, em qualquer instância: municipal, estadual ou federal. Já os critérios de distribuição das terras são estabelecidos por meio de negociações entre o INCRA, o MST e os proprietários, mediadas pelos poderes executivo e judiciário, garantindo a definição de uma extensão fundiária mínima que possibilite a sustentabilidade produtiva às famílias. A dimensão da extensão fundiária a ser destinada aos novos "proprietários", portanto, varia, dependendo principalmente do número de membros de cada família, da fertilidade do solo e da conjuntura político-econômica.[7]

2.3 Os herdeiros de um sonho

Os estudantes das três escolas, como já mencionado, são filhos de agricultores, dos funcionários e professores das próprias escolas. Quando não estão em aula dedicam-se a afazeres domésticos e ao trabalho agrícola. E, no intervalo entre a escola e o trabalho, brincam sozinhos ou com seus irmãos, eventualmente com algum vizinho, porque com exceção dos moradores do assentamento Contestado e das famílias de dois dos professores da escola 25 de Maio, os demais estudantes moram em casas, na maioria de madeira, distantes umas das outras.

E os professores, quem são?[8]

Duas mulheres com histórias de vida e de formação profissional distintas. Uma delas, formada no antigo Magistério de 2º Grau, participou das primeiras ocupações realizadas em Santa Catarina e lecionava desde o início do assentamento Vitória da Conquista, onde mora. Mobilizou-se para que seu lote fosse próximo da escola criada simultaneamente ao processo de legação da terra conquistada. Nos primeiros anos

---

7. Na pesquisa realizada por Beatriz Heredia, Leonilde Medeiros, Moacir Palmeira, Rosângela Cintrão e Sergio Leite (2002) sobre os impactos regionais dos assentamentos da Reforma Agrária no Brasil podem ser encontrados dados mais detalhados sobre o assunto. Para obter a síntese do relatório dessa pesquisa e outros dados referentes à Reforma Agrária, visite os *sites* do Núcleo de Estudos Agrários e Desenvolvimento Rural — NEAD < www.nead.org.br> e do Movimento dos Trabalhadores Rurais Sem Terra <www.mst.org.br>.

8. Como o exercício da prática de ensino das estudantes do curso de Pedagogia foi dirigido especificamente para as séries iniciais do ensino fundamental, serão mencionados apenas aqueles responsáveis por esse segmento da escolarização, no período entre 1997 e 1999.

lecionava em um barracão de madeira, no qual funcionava originalmente a Escola Municipal "Nossa Senhora Aparecida". A outra professora não participou de ocupações de terra, mas mora no Assentamento Vitória da Conquista. Cursou o ensino médio profissionalizante voltado ao Magistério e Pedagogia, em uma instituição privada na zona urbana do município de Fraiburgo. Ambas trabalhavam nos dois turnos como professoras da rede pública.

Além dessas duas mulheres, havia também um homem, que era criança quando sua família participou de um dos primeiros acampamentos do Estado de Santa Catarina, ação que culminou na conquista da terra que hoje cultivam e em que vivem. Foi também um dos primeiros estudantes do curso Magistério de Nível Médio organizado pelo MST, no Rio Grande do Sul. Também, como as professoras, dedicava-se integralmente ao ensino.

Os professores das duas escolas básicas são, portanto, filhos de agricultores, homens e mulheres, mães, esposas, marido, trabalhadores e trabalhadoras agrícolas em época de safra.[9] Apesar das diferentes trajetórias de vida, segundo o conteúdo das entrevistas concedidas, os três professores procuram exercitar os princípios filosóficos e pedagógicos propostos pelo MST. Dois deles se identificaram como militantes do MST.

2.4 Quando o método orienta a metodologia de ensino: momentos de uma singularidade

> É fato também que a compreensão dos processos e das práticas pedagógicas supõe levar em consideração as características culturais dos próprios professores, os saberes, os referenciais, os pressupostos, os valores que estão subjacentes, de maneira por vezes contraditória, à sua identidade profissional e social. (Forquin, 1993, p. 167)

Do ponto de vista especificamente pedagógico, o processo de formação universitária de professores ocorrido por meio da mencionada

---

9. A primeira professora mencionada aposentou-se em 2001 e passou a dedicar-se à educação de adultos. Apesar de inúmeras dificuldades, os demais continuaram a formação acadêmica no nível de especialização e no de graduação respectivamente.

disciplina "Prática de Ensino da Escola de Ensino Fundamental: Séries Iniciais", no curso de Pedagogia da Universidade Federal de Santa Catarina, abrangeu os seguintes momentos: a) a análise da relação institucional entre o MST, as escolas e a universidade, enfatizando os princípios filosóficos e pedagógicos e demais contribuições produzidas pelo MST sobre a educação[10] e a condição histórico-cultural do "ser criança"; b) o exercício da observação participante; c) a elaboração dos projetos de ensino, contendo os objetivos, conteúdos escolares, procedimentos didáticos, os recursos materiais e didáticos necessários e os instrumentos de avaliação da ação pedagógica; d) desenvolvimento desses projetos, acompanhado e orientado pelos professores universitários e pelos próprios professores das escolas envolvidas, que incluía o exercício docente, a avaliação desse exercício e o re-planejamento das situações de ensino; e) a elaboração de textos reflexivos sobre as situações mais significativas de todo esse processo; f) a participação em um seminário, realizado no meio acadêmico, para a comunicação do que foi aprendido, com a participação de algumas pessoas dos referidos assentamentos, estudantes e professores universitários de outras turmas do curso de Pedagogia e de Educação Física.

O critério de definição dos momentos acima relacionados se deve, em linhas gerais, à compreensão dos professores universitários de que "ensinar a ensinar" é uma "atividade de ensino", que pressupõe: a necessidade da apropriação de determinados conhecimentos; intencionalidade, manifesta nos objetivos estabelecidos; o desencadeamento de ações, mediadas por estudantes, professores e por instrumentos materiais e ideais, para que tais objetivos sejam atingidos; e, finalmente, operações que ofereçam as condições para a realização dessas ações.

Além disso, e sobretudo, concebiam que a atividade de ensino está intrinsecamente relacionada à atividade de aprendizagem, no caso específico, a aprendizagem do ensino. Ambas se constituem mutuamente. Assim, como toda "atividade humana", a atividade de ensino deve promover o desenvolvimento humano, sob determinadas condições histórico-culturais. Nesta perspectiva, compreendia-se, então, que es-

---

10. Confira, especialmente, as seguintes produções relativas à educação: Movimento dos Trabalhadores Rurais Sem Terra — MST s.d., 1993, 1995, 1996, 1996a, 1999, 1999a, 1999b;1999c; 2000, 2000a, 2000b, 2000c; 2000d e ITERRA, 2001.

APRENDER A ENSINAR

ses momentos não se constituíam rigidamente passo-a-passo, mas sim deveriam ser orientados por princípios teórico-metodológicos que configurariam os procedimentos didáticos rigorosamente exercitados.

2.4.1 A apropriação de conceitos

Considerando que os sujeitos mais importantes em todo esse processo são crianças e que elas requerem uma educação voltada à especificidade da sua condição histórico-cultural de ser humano de pouca idade, de ser elemento da prole de uma determinada classe social (Benjamin, 1984), foi necessário descobrir como os universitários as concebiam.

Assim, recorrendo à memória de cada estudante, solicitou-se que elas trouxessem as lembranças do tempo em que foram crianças e que escrevessem o que entendiam por "ser criança".

O que se constatou foi que as estudantes, apesar de estarem cursando os últimos períodos de sua formação universitária, ainda guardavam uma concepção idílica de criança, entendendo-a como um ser naturalmente inocente, puro, alegre, feliz.

A partir daí, leram textos referentes a pesquisas realizadas com crianças rurais, sobre a idéia de infância, a importância do brincar no desenvolvimento psicológico infantil, assistiram a documentários que retratavam crianças urbanas e rurais submetidas ao trabalho infantil e crianças que vivem em assentamentos da Reforma Agrária, além de produções cinematográficas, cuja temática principal era a criança.[11]

---

11. Os textos básicos lidos pela maioria das turmas foram: "Regimar e seus amigos", de José de Souza Martins, publicado em uma coletânea organizada sob sua coordenação, que reúne seis artigos relativos às diversas pesquisas desenvolvidas em diferentes regiões brasileiras com crianças inseridas em contextos sociais adversos, como anuncia o próprio título *O Massacre dos Inocentes: a criança sem infância no Brasil* (1993); "A idéia de infância", um dos capítulos da obra *Mistificação Pedagógica*, de autoria de Bernard Charlot (1979) e "O papel do brinquedo no desenvolvimento", capítulo 7 do livro *Formação Social da Mente*, de autoria de Lev S. Vygotsky (1984). Os documentários assistidos foram *Conversas de Criança*. Direção e Roteiro José Roberto Novaes e Paulo Pestana — IDACO — Instituto de Desenvolvimento e Ação Comunitária — Rio de Janeiro, 22 min., s./d.; *Profissão: Criança*, Sandra Werneck, Abrinq: OIT, s./d., 33 min., sonorizado, colorido; 12 mm. VHS NTSC; *Criança no campo*. Direção e Roteiro José Roberto Novaes e Paulo Pestana — IDACO — Instituto de Desenvolvimento e Ação Comunitária, Rio

Assim puderam ouvir as vozes de crianças relatando episódios de seu recente passado, seu presente e seus sonhos futuros e refletir sobre as condições sócio-histórico-culturais às quais são submetidas cotidianamente, bem como a importância da imaginação para os seres humanos, especialmente nesse período de suas vidas.

Para a maioria das estudantes universitárias foi uma surpresa a constatação de que a criança é um sujeito determinado pelas condições histórico-culturais e, portanto, pode não ser feliz, puro, inocente e sim um adulto no corpo de uma criança, um ser que, desde pequeno, já é responsável pelos afazeres domésticos e por outras obrigações que contribuem para sua sobrevivência, como mostra Martins. (1993)

Considerando esse dado e o quadro lastimável da qualidade de ensino e das condições que configuram a realidade sócio-econômica brasileira, se impõe a necessidade de que o estudo sobre a condição histórico-cultural do ser criança seja um conteúdo recorrente na formação de professores em todos os níveis e âmbitos.

Da reflexão sobre o "ser criança" passou-se para a reflexão sobre o lugar onde estariam as crianças, com as quais se iriam desenvolver as situações de ensino no momento do exercício docente: a escola. Um lugar que é único, pois é nesse lugar que as crianças se reúnem todos os dias e lá permanecem exercendo uma "atividade humana" bem diferente da que realizam em outros momentos de cada dia, como, por exemplo, o trabalho doméstico e o trabalho agrícola.

Assim buscou-se o entendimento dos princípios pedagógicos e filosóficos da educação presentes nas produções elaboradas pelo coletivo de educadores do MST, que poderiam estar orientando a prática pedagógica daquelas escolas.

De acordo com tais produções, filosoficamente, objetiva-se construir a educação para a transformação social, para o trabalho e cooperação, voltada para as várias dimensões da pessoa humana, com e para valores humanistas e socialistas, como um processo permanente de formação/transformação humana. No que se refere aos princípios peda-

---

de Janeiro, 22 min., sem data. As produções cinematográficas foram *Guerra dos Botões*, direção de John Roberts, França/Inglaterra/Japão,1994 e *Ladrão de Sonhos*, direção de Jean-Pierre Jeunet, França/Alemanha e Espanha, 1995.

gógicos, partindo da combinação entre processos pedagógicos coletivos e individuais, procura-se estabelecer a relação entre teoria e prática, tomando a realidade como base da produção do conhecimento, apropriando-se de conteúdos formativos socialmente úteis, por meio da educação para o trabalho e pelo trabalho, estabelecendo os vínculos orgânicos entre processos educativos e processos políticos; entre processos educativos e econômicos; entre educação e cultura, articulando a combinação metodológica entre processos de ensino e capacitação. A gestão democrática, autogestão dos estudantes, criação de coletivos pedagógicos e formação permanente dos educadores/educadoras, além da atitude e habilidade de pesquisa também constituem os princípios pedagógicos da educação do MST. (Cf. MST, 1996a)

A reflexão sobre tais princípios visava oferecer elementos para que os estudantes pudessem *conhecer* a proposta político-educacional do MST, já que as que inicialmente traziam delineavam-se por informações, portanto não por conhecimentos.[12]

De posse do que conheceram, muitas dúvidas surgiram a respeito do que iriam encontrar nos assentamentos.

2.4.2 O exercício da observação

Indo ao encontro da realidade educacional, a qual queriam conhecer fisicamente e com a qual iriam desenvolver o exercício docente, os universitários, futuros professores, passaram ao momento seguinte de sua formação: a *observação*.

Chegado esse momento, estudantes e professores universitários partem de Florianópolis para a região onde se situam as escolas e lá permanecem por uma semana.

Por meio do exercício da observação, almejava-se conhecer a história das escolas, das pessoas que estudam e que nunca estudaram, das

---

12. Sabemos que as diferenças entre informação e conhecimento configuram-se em tema polêmico. Contudo, cabe esclarecer que as estudantes inicialmente apresentavam um conjunto de dados difusos e superficiais sobre a atuação do MST, em particular sobre sua proposta de educação. Assim, era necessário superar o senso-comum, principalmente no que se referia a tal fenômeno. E a via dessa superação seria a apropriação de conhecimentos por meio da leitura, do estudo e da reflexão sobre a produção escrita mencionada anteriormente.

pessoas que lutam e se divertem, trabalham e sonham um dia deixar uma herança para seus filhos. Conhecer aqueles seres humanos de pouca idade que ali estão e o que fazem configurava-se em um desafio sem igual, pois esses jovens aprendizes de professor estavam diante dos sujeitos dos processos de ensino e de aprendizagem. Essa era a ocasião privilegiada de colher o maior número possível de dados para elaborar um projeto de ensino que fosse significativo tanto para os universitários como, principalmente, para as crianças e seus professores.

Nesse momento considerou-se que observar é aprender a ver, aprender a direcionar a atenção, aprender a educar os sentidos, principalmente o olhar e a escuta. A observação, mediada pela reflexão, permite o exercício dos processos de análise e síntese dos dados obtidos, estabelecendo as conexões necessárias entre eles. Portanto, é uma tarefa que exige redefinição do papel e do lugar do estudante universitário, do professor e dos demais profissionais que atuam na escola.

Esse exercício revelou que os momentos destinados às brincadeiras infantis são muito restritos, tanto no que se refere à quantidade diminuta de tempo disponível para brincar, quanto ao reduzido universo de brincadeiras que as crianças possuíam.

Outro dado relevante constatado foi a ausência de bons momentos de leitura e escrita no cotidiano escolar. As práticas pedagógicas dos professores encontram-se delimitadas por alguns livros didáticos e por escassos livros de literatura infantil disponíveis às crianças e aos professores. Fenômeno esse decorrente principalmente da não garantia das condições mínimas para o desenvolvimento de um trabalho pedagógico que possibilite não só o processo inicial de alfabetização, mas o fundamental processo de letramento[13] e para a elaboração e desenvolvimento intencional de um projeto político pedagógico assumido por todos os envolvidos na ação educativa escolar.

Além disso, tornou-se possível também constatar que aquelas escolas apresentavam características ao mesmo tempo muito semelhantes e distintas do contexto das escolas públicas urbanas.

Poder-se-ia dizer que as semelhanças relacionavam-se às condições de trabalho e de infra-estrutura física dos prédios escolares, que

---

13. Sobre letramento, confira Soares (1998).

nada ofereciam além da velha e tradicional sala de aula, com os mesmos precários recursos didáticos de que a maioria das escolas públicas dispõe. A herança da "cultura da escola", como denomina Forquin (1993), podia ser percebida com um olhar atento e generoso das práticas pedagógicas ocorridas naquelas escolas. O seguinte excerto de um texto elaborado por uma das estudantes parece elucidativo:

> (...) no período que fizemos as observações pudemos verificar que tanto a escola como os professores ainda têm muita dificuldade de relacionar a teoria com a prática, apesar de se esforçarem para atingir esse objetivo. Também foi possível perceber que, na tentativa de cumprir com os princípios, eles avançam no sentido de buscarem novas maneiras de ensinar. Mas em muitos aspectos continuam presos à velha escola, baseada na reprodução, memorização e submissão, de quem ensina e de quem aprende. Atingindo com isso uma escola possível, diante das precárias condições de trabalho e da formação profissional que possuem. Entretanto, percebemos que existe a tentativa de articular esses princípios com sua prática docente, no sentido de que possam formar sujeitos capazes de opinar, criticar e refletir sobre sua realidade. (Silva, 1998, p. 6)

Em alguns momentos, no interior das salas de aula, podia-se também descobrir sujeitos instigantes e ávidos por conhecer. Tanto professores como estudantes ainda acreditam na escola como um lugar de possibilidades. Um espaço que pode e deve ser redimensionado na direção de oferecer e promover a apropriação de conhecimentos capazes de contribuir para o processo de formação de sujeitos autônomos, solidários e competentes para enfrentar o desafio da necessária transformação social, algo não muito comum em escolas públicas urbanas. É importante ponderar que as interações estabelecidas fugiam ao cotidiano, visto que outras pessoas de outros lugares, que muitos não conheciam, estavam ali querendo conhecê-los e desenvolver "atividades de ensino" que não seriam as mesmas realizadas por seus professores. Isso talvez pudesse explicar, em parte, a curiosidade expressa nos olhares daqueles jovens estudantes, que talvez tenha inspirado duas das estudantes universitárias a escrever o seguinte texto:

> Enxergamos um campo de possibilidades para nossas ações transformadoras, um espaço onde tudo levava à construção de conhecimento crítico e consciente.

Parece discurso pronto, mas é real! Lá encontramos pessoas que, mesmo com sua pouca escolaridade, eram capazes de fazer uma análise crítica da sua situação social. Crianças sendo educadas para lutar por seus direitos e não deixar que as mazelas do sistema social lhes façam dobrar os joelhos. Pessoas que consideram luta sinônimo de conquista, não de briga. (Vogel e Felipe, 2000, p. 1)

Ainda fazendo parte dessa realidade, os pais eram presenças constantes nas escolas, pois, como os professores e as crianças, consideram-se militantes de uma causa mais do que justa e concebiam a educação escolar como uma arma poderosa na luta pela transformação social desejada.

Da mesma forma, verificou-se que, apesar de toda a disposição em querer transformar o mundo, os professores das referidas escolas, em virtude dos limites da formação que possuíam, entre outros fatores, também não conheciam aqueles sujeitos que estavam diuturnamente diante de seus olhos.

Essas constatações confirmaram a necessidade de incorporar, tanto na formação universitária de professores, quanto na continuada, que foi proposta posteriormente,[14] o estudo sistemático sobre quem são esses seres humanos de pouca idade que freqüentam as escolas públicas e sob quais condições eles vivem.

Esse exercício da *observação*, mediado pela *reflexão*, também provocou a necessidade do *registro*, que pode ser compreendido como importante instrumento pedagógico para o *planejamento* da ação educativa escolar. É por meio dele que o professor poderá obter indicações e recuperar dados que o tempo poderá apagar. Registrando e refletindo sobre o que registrou, o professor poderá, ao mesmo tempo, se sentir

---

14. Além da participação nessa iniciativa de formação universitária, os educadores do MST e os professores das escolas integraram também o projeto de formação continuada *Séries Iniciais: enfrentando o desafio da formação*, desenvolvido desde o ano de 1998, que envolveu os professores da Escola Estadual Agrícola 25 de Maio, Escola Municipal 24 de Junho e Escola Municipal Nossa Senhora Aparecida, estudantes dos cursos de Pedagogia e do Programa de Pós-graduação em Educação da Universidade Federal de Santa Catarina, além dos professores universitários responsáveis pelo exercício da prática de ensino nessas escolas. Tal projeto era organizado por encontros periódicos, visando, inicialmente, a reflexão da prática pedagógica que, como no caso dos acadêmicos, abrangeu os elementos constitutivos do "ser criança" e da infância e relacionando-os com os princípios filosóficos e pedagógicos da educação do MST.

realizando a "sua" história e a de "seu" grupo de estudantes. Mais do que isto, retomando o registro das reflexões dos que o antecederam, poderá apropriar-se de conhecimentos que poderão redimensionar "sua" história e a de "seu" grupo de estudantes. Dessa forma contribuirá, talvez, para que ele e os estudantes se percebam como sujeitos que participam de um universo maior do que o de sua sala de aula. Nesta perspectiva, mais do que "instrumentos metodológicos" para a organização do trabalho docente, *observação, reflexão, registro, planejamento* podem ser considerados instrumentos formadores dos professores.[15]

Se na atuação profissional docente esses instrumentos podem adquirir essa importância, no processo de formação universitária assumem uma dimensão singular. É no momento do ensino da prática de ensino que o responsável pela aprendizagem dos estudantes pode organizar situações de ensino que criem a necessidade do ensaio de utilização desses instrumentos. É nesse momento que o ensino pode ganhar um sentido próprio para cada estudante e transformar a aprendizagem do conceito de ensino em uma "atividade cognitiva" única, porque caracterizada eminentemente por uma mediação simbólica que pode mobilizar o estudante a agir intencionalmente e antecipar ações segundo seus objetivos como um profissional da educação.

Depois de uma semana de observação, os estudantes universitários regressam para a capital e, incorporando todos esses elementos, iniciam a elaboração dos projetos pedagógicos para serem desenvolvidos, durante um período de duas semanas, com as crianças e os jovens estudantes das referidas escolas.

2.4.3 O exercício dos projetos de ensino

Considerava-se, nesse processo, que a proposta de desenvolver a prática de ensino, por meio de projetos de ensino, poderia vir a se constituir em mais um elemento-chave no processo de defesa da escola pública de qualidade para todos.

---

15. Convém lembrar que "instrumentos metodológicos" é uma formulação teórica cunhada por Madalena Freire (1996 e 1997), presente no âmbito das produções acerca da formação de professores no Brasil, especialmente naquelas referentes ao estudo dos chamados "grupos de formação".

O professor que atua, especialmente, nas séries iniciais do ensino fundamental público, no Brasil e em outros países, ainda é tido como o único responsável pelo desenvolvimento do trabalho pedagógico. Ao professor compete planejar, elaborar, desenvolver, avaliar, enfim, formar todo um conjunto de ações constitutivas dos processos de ensino e de aprendizagem. Ademais, também deve abordar questões e temas das diversas disciplinas escolares, que por vezes apresentam-se estanques, tanto para ele como para os estudantes, do ensino fundamental ao superior. Tudo isso em condições precárias de trabalho e de infra-estrutura física bem conhecidas.

Todavia, a possibilidade de organizar a ação pedagógica a partir de projetos, concebidos como um procedimento metodológico, que oferece elementos que podem vir a auxiliar o trabalho pedagógico de professores e o desenvolvimento das crianças, vem se constituindo em uma alternativa didática. É importante lembrar que essa abordagem de organização do ensino tem sua origem histórica no advento da "Escola Nova", de forma mais sistematizada, nos Estados Unidos, no final do século XIX.[16] Portanto, embora a relação entre a organização do ensino e a elaboração de projetos na educação básica tenha adquirido novamente projeção nos anos 1990, mediante estudos desenvolvidos por importantes pesquisadores[17] e por sua marcante presença no âmbito das políticas educacionais, é aparente o caráter de inovação pedagógica atribuído a tal abordagem.

A prática pedagógica organizada por projetos de ensino traz a instauração de um problema a ser investigado como fator determinante para desencadear uma série de ações articuladas entre si. Este momento inicial pode ser provocado pelo professor ou mesmo pelas próprias crianças que, curiosas, buscam respostas e soluções que exigem necessariamente a articulação entre conteúdos, antes reservada aos limites de cada disciplina. Tal articulação passa a ser impulsionada pelas perguntas estabelecidas, tornando-se intrínseca às ações básicas de cada

---

16. Sobre a origem histórica dos projetos na educação escolar veja, em especial, o capítulo IX, *O Sistema de "Projetos"*, do livro *Introdução ao estudo da escola nova*, escrito por Lourenço Filho (2002).

17. Confira, especialmente, Hernández e Ventura (1998), Hernández (1998), Katz e Chard (1997).

projeto: a investigação, a construção e/ou elaboração (que pode se referir aos objetos físicos ou de estudos) e a avaliação contínua.

Para tanto, é inevitável o redimensionamento do espaço e do tempo pedagógicos, pois segundo Forquin (1993),

> a escola é também um *mundo social*, que tem suas características e vidas próprias, seus ritmos e seus ritos, sua linguagem, seu imaginário, seus modos próprios de regulação e de transgressão, seu regime próprio de produção e gestão de símbolos. E esta *cultura da escola* (no sentido em que se pode também falar da *cultura da oficina* ou da *cultura da prisão*) não deve ser confundida tampouco com o que se entende por *cultura escolar*, que se pode definir como um conjunto de conteúdos cognitivos e simbólicos que, selecionados, organizados, *normalizados, rotinizados*, sob o efeito de imperativos de didatização, constituem habitualmente o objeto de uma transmissão deliberada no contexto das escolas. (Forquin, 1993, p. 167, grifos do autor)

Assim, tal processo de formação tendeu a promover uma determinada aproximação do entendimento da escola como uma instituição social singular no processo de apropriação de elementos da cultura histórica e socialmente produzida, bem como produtora de um universo cultural particular, de uma "cultura didatizada, objeto e apoio das aprendizagens sistemáticas com finalidade formadora". (Forquin, 1993, p. 172)

Do mesmo modo, também é importante conceber a sala de aula como um espaço pedagógico complexo, contraditório e privilegiado de atuação do professor, porque o exercício da "atividade de ensino" implica conhecer profundamente os elementos constitutivos do momento de estar em aula como professores e que este momento não se inicia nem tampouco se encerra neste espaço pedagógico. Ademais, como salienta Fernando Hernández, a sala de aula é "um cenário com uma cultura própria (mas não única). Cultura que vai se definindo mediante as diferentes formas de discurso que se desenvolvem e se encenam nas situações de aula". (1998, p. 32)

Pode-se dizer que o exercício de organizar as situações de ensino por projetos de ensino foi e em outras situações pode vir a ser a oportunidade de uma outra "cultura escolar", bem como de uma outra "cultura da escola", iniciarem suas gestações, embora ainda o façam no seio da "cultura da escola" e da "cultura escolar" convencionais. Foi e em outras situações pode vir a ser o momento de criar novos ritmos e extensões na ação pedagógica, configurando as "atividades de ensino" e de "aprendizagem" como duas diferentes instâncias de apropriação de conhecimentos constituídas mutuamente. Daí sua importância nodal. As pessoas envolvidas nessas "atividades" passaram a exercer o que é próprio do *ethos* humano: assumiram, ainda que de forma restrita, a direção de seus atos. Interferiram na realidade educacional delineando um outro perfil, portanto, transformando-a.

Diante de tudo o que foi exposto, foi imperativa a opção por elaborar os projetos de ensino centrados: a) na dimensão lúdica das atividades; b) na formação de leitores e escritores, enfatizando o trabalho pedagógico com a literatura infantil; c) no redimensionamento da "cultura corporal/de movimento" do grupo social ao qual se remetiam as ações. É importante ressaltar que estes três aspectos não deveriam ser considerados como referência apenas desses projetos, mas sim como eixos básicos da prática pedagógica no ensino fundamental.

Dessa maneira, exercitando os limites e a viabilidade da organização do ensino por projetos, os momentos de investigação, planejamento e avaliação marcaram cada um dos projetos de ensino desenvolvidos, ao mesmo tempo em que também delimitaram as ações de ensino das estudantes universitárias. Isto é, os processos de formação de professores e de crianças, dimensionados por projetos de ensino, adquiriram características específicas que dependeram da modalidade e, conseqüentemente, das particularidades de cada processo.

Tomando por princípio a dimensão lúdica das ações pedagógicas realizadas, a cada momento via-se a imaginação fluir pela sala de aula, proporcionando situações, como, por exemplo, a de como construir brinquedos quer seja para os parques construídos nas escolas, pelos estudantes e professores das mesmas, universitários e moradores dos assentamentos, intitulados pelas próprias crianças como *Parque Feliz e Terra do Nunca* — uma alusão a um mundo onde as crianças jamais crescem — quer seja um peixinho de papel e uma varinha de pescaria, suportes das brincadeiras que poderiam ocorrer ali ou no *Sítio do Pica-Pau Amarelo*, outra alusão ao universo da literatura infantil com o qual haviam entrado em contato.[18]

---

18. Cabe lembrar que "Terra do Nunca" e "Sítio do Pica-Pau Amarelo" são criações literárias de James Matthew Barrie e Monteiro Lobato, respectivamente.

APRENDER A ENSINAR

A capacidade das crianças e dos estudantes universitários de se indagarem diante da realidade, estabelecerem objetivos, anteciparem ações na resolução de problemas apresentados, foi se desenvolvendo, por exemplo, ao buscarem saber mais sobre os animais com os quais conviviam, tratavam ou que jamais haviam visto; sobre a composição do solo, as razões da degradação do meio-ambiente e a relação agro-ecológica que os homens podem estabelecer com ele; sobre os personagens e autores de literatura infantil; ou ainda ao conhecerem a origem da capoeira, dos tambores e outros elementos constitutivos de outras manifestações da "cultura corporal/de movimento".

Durante o desenvolvimento dos projetos de ensino, ao final de cada dia de aula, também ocorriam os momentos de avaliação da ação docente de cada estudante universitário e, em decorrência, os de re-planejamento das ações que dariam continuidade aos tais projetos, igualmente acompanhados pelos professores universitários e professores das escolas.

Assim, aprender a ser professor na perspectiva da transformação social, considerando a necessária apropriação da importância que a dimensão lúdica das atividades de ensino e de aprendizagem, da "cultura corporal/de movimento" e da literatura infantil podem ocupar no ensino fundamental, delineou o perfil das reflexões dos universitários.

2.4.4 A comunicação do que foi aprendido

Após os momentos acima descritos, a cada semestre letivo, os estudantes e professores universitários retornavam ao *campus* universitário. Retornavam à cidade e retomavam a cotidianidade urbana.

E desse modo, mais um momento se iniciava: a preparação e o encontro com os demais colegas que realizaram as ações vinculadas à disciplina Prática de Ensino da Escola de Ensino Fundamental: Séries Iniciais em escolas urbanas.

Esses encontros, que ocorreram no final de cada semestre letivo, coordenados pelos professores universitários, contaram com a participação efetiva dos estudantes na sua organização e realização. Tais encontros tiveram como principal objetivo promover a comunicação das análises críticas sobre o processo de formação docente, especialmente sobre os elementos que constituem a organização educação escolar para estudantes universitários e crianças.[19]

Essas análises foram comunicadas por diversas maneiras: exposição oral; elaboração escrita; exibição de pequenos "trailers" de cenas referentes às ações relacionadas à disciplina Prática de Ensino da Escola de Ensino Fundamental: Séries Iniciais; performances teatrais contendo os elementos relevantes sobre os momentos de formação e atuação docente.

Com essa configuração, além dos estudantes que cursaram a referida disciplina, participaram desses encontros os estudantes universitários de outras turmas do próprio curso de Pedagogia, dos cursos de licenciatura, especialmente da Educação Física e alguns professores e estudantes das escolas de ensino fundamental, nas quais foram realizados os exercícios de prática de ensino.

Apesar das restrições e constrangimentos ainda não superados, tais encontros proporcionaram, no território acadêmico, momentos de interações entre aqueles que vêm se constituindo pela escola, pela universidade e pelo movimento social.

Nesta perspectiva pôde-se também ver que as ações desenvolvidas ao longo desse período desdobraram-se em diversos âmbitos e momentos.

Em âmbitos diferentes porque se procurou atuar não só na formação universitária e contínua de professores das escolas do ensino fundamental, como na formação dos próprios professores universitários e ainda na formação dos educadores do MST, além da educação de crianças e de jovens, exigindo demandas por investigações e ações compartilhadas.[20]

E em momentos diversos não só porque a cada semestre letivo novos grupos de estudantes experimentam-se como professores, mas, principalmente, porque professores e estudantes exercitaram a reflexão, a

---

19. É importante ressaltar que a disciplina Prática de Ensino da Escola de Ensino Fundamental: Séries Iniciais continua a compor o currículo do curso de Pedagogia da Universidade Federal de Santa Catarina; porém a realização do exercício da prática de ensino em escolas vinculadas ao MST se interrompeu em 2001 e foi retomada nos anos 2004 e 2005.

20. Essa prática pedagógica já gerou a produção de uma dissertação de mestrado (Siewerdt, 2001), uma tese de doutorado (Matiello Júnior, 2002) e esta pesquisa.

observação, a elaboração de situações de ensino, a realização de ações pedagógicas e a avaliação em cada etapa e de todo o processo de formação.

A necessidade de ensinar a ensinar ganhou uma complexa dimensão, tornando-se a um só tempo: objeto da aprendizagem para estudantes universitários dos cursos de Pedagogia e Educação Física; objeto de ensino para professores universitários; objeto de pesquisa para os pós-graduandos e objeto de reflexão da prática pedagógica para todos, inclusive para os professores das referidas escolas de ensino fundamental.

Portanto, pode-se afirmar que ao longo dessas "atividades comuns" (Thiollent, 1984), desenvolvidas tanto por professores como por estudantes, surgiram contradições de diversas ordens que provocaram a atitude de "estranhar o familiar". (André, 1991) Nesse movimento, a "atividade de aprendizagem" das estudantes universitárias assumiu um lugar de destaque. Contudo, tal "atividade" só pode ser compreendida em sua totalidade se for concebida como uma particularidade de um universo do qual é parte constituída e constituinte, qual seja: a "atividade humana em geral", que se realiza por meio de interações sociais.

3
As interações em uma singularidade na formação de professores

> Na realidade, não são as palavras o que pronunciamos ou escutamos, mas verdades ou mentiras, coisas boas ou más, importantes ou triviais, agradáveis ou desagradáveis etc. *A palavra está sempre carregada de um conteúdo ou de um sentido ideológico ou vivencial.* (Bakhtin, 1988, p. 95, grifos do autor)

A quem compete a responsabilidade pela formação de professores? Qual é a finalidade e o conteúdo dessa formação? Essas recorrentes questões têm ocupado a cena da pesquisa educacional, das definições de políticas públicas e da atuação profissional docente, principalmente a partir da promulgação da Lei de Diretrizes e Bases da Educação Nacional, em 1996. Tal fato pode ser evidenciado, por exemplo, no próprio título e no conteúdo do texto publicado pelo Fórum Nacional em Defesa da Escola Pública: "Formar ou certificar? Muitas questões para reflexão". (2003)

Apesar da diversidade de condições sócio-econômicas e políticas das diversas regiões brasileiras, a defesa de que a formação de professores deve ocorrer no âmbito universitário é uma atitude de busca de manutenção da qualidade de ensino nesse processo. Isso porque, embora haja muitos problemas a serem superados na universidade brasileira, o ensino universitário ainda preserva uma certa legitimidade social e condições de exercício teórico que oferecem um perfil de formação diferenciado daquele presente no ensino médio. É certo que os Institutos Estaduais de Educação, os Centros Específicos de Formação e Aperfeiçoamento do Magistério e várias escolas de ensino médio continuam formando muitos jovens e, além disso, algumas dessas instituições ainda mantêm um nível de qualidade satisfatório. Mas as condições de trabalho e de ensino que configuravam tais instituições estão se deteriorando de forma acelerada e, mais grave ainda, provocando a ruptura do vínculo com a pesquisa educacional que algumas unidades dessas instituições mantinham. (Moura, 2000; Garrido, 2000; Tavares, 2002; Pimenta, Garrido e Moura, 2001)

Assim, mesmo considerando que em muitas regiões brasileiras o acesso ao ensino superior define-se como algo distante da realidade da maioria da população, há que se insistir em buscar a criação das condições para que a formação de professores seja oferecida em todo país no âmbito universitário. Ainda é neste âmbito que, além do ensino, o exercício da pesquisa e da extensão se efetivam. Essa proximidade, formal muitas vezes, vem garantindo, especialmente nas instituições públicas, que seus docentes continuem produzindo conhecimentos, participando do debate acerca das políticas públicas e dessa maneira continuem co-laborando na formação de professores da educação básica e se formando também.

No caso específico do campo empírico desta pesquisa, constata-se que a experiência de formação de professores realizada foi possível principalmente por estar vinculada a uma instituição federal de ensino superior. Instituição que garantiu, dentro de limites próprios, os recursos materiais e humanos para tanto.

Nesta perspectiva, poder-se-ia afirmar que a singularidade dessa experiência de formação deve-se aos vários aspectos e elementos que a constituíram.

Primeiramente, sem uma hierarquia de valor entre eles, destacam-se as condições de trabalho dos docentes universitários envolvidos. Nas instituições públicas de ensino superior ainda se conserva a exigência contratual do exercício profissional vinculado necessariamente ao ensino, pesquisa e extensão universitária. Desse modo, desempenhando suas atribuições, pôde-se constatar que professores universitários buscaram efetivar a indissociabilidade entre esses três campos, por meio da proposição e desenvolvimento de projetos de ensino, extensão e pesquisa, envolvendo: os professores das escolas públicas onde foram realizadas as práticas de ensino, os próprios estudantes universitários da graduação e do Programa de Pós-Graduação da Educação e Ciências Agrárias, da Universidade Federal de Santa Catarina e da Universidade Estadual de Campinas, São Paulo, como já mencionado em capítulos anteriores.

Um outro aspecto que confere especificidade a essa experiência de formação universitária de professores se refere à organização do ensino da disciplina "Prática de Ensino da Escola de Ensino Fundamental: Séries Iniciais" e à qualidade das interações conferidas a partir daí. As interações estabelecidas pelas estudantes de Pedagogia parecem ter desencadeado alterações no conteúdo e na forma de compreensão acerca da realidade em geral e, em particular, de aspectos da realidade relacionados ao MST, à educação escolar e à profissão docente, o que as mobilizou a buscar outros conhecimentos que pudessem auxiliá-las na compreensão desses fenômenos e conseqüentemente na orientação de suas "atividades".

Os professores e estudantes universitários alojavam-se num mesmo local, tanto no período destinado ao exercício primeiro da observação como no de desenvolvimento dos projetos de ensino com as crianças e professores daquelas escolas. Inicialmente, esse lugar era um hotel, situado no perímetro urbano do município de Fraiburgo, distante uns 25 quilômetros das escolas. Posteriormente, com vínculos mais fortalecidos com as pessoas daquele contexto e devido à escassez de recursos financeiros,[1] a opção encontrada foi organizar acampamentos. Assim,

---

1. Garantir o transporte, a estadia, a alimentação, os recursos didático-pedagógicos dos estudantes requer a alocação de recursos financeiros próprios para tais ações. No entanto, nos últimos anos, é notória a redução da parcela destinada à educação no orçamento do governo federal. No primeiro ano, a universidade, em convênio com o SINE — Sistema Nacional de Emprego, por intermédio da FAPEU — Fundação de Amparo à Pesquisa e Extensão Universitária, financiou a hospedagem e a alimentação dos estudantes e professores universitários. Em 1999, a única fonte de recursos financeiros era uma "bolsa de estágio" que algumas estudantes recebiam e decidiam dividir o valor com as colegas. Essa bolsa, oferecida pela Pró-Reitoria de Ensino de Graduação da Universidade Federal de Santa Catarina, era, e continua

desde 1999 passaram a alojar-se na área pertencente à escola pública estadual 25 de Maio, eqüidistante aproximadamente uns dois quilômetros das duas escolas básicas municipais: Nossa Senhora Aparecida e 24 de Junho. Ou ainda no espaço de um pequeno prédio que seria destinado ao preparo de compotas de frutas de uma agroindústria, criada pela cooperativa de agricultores dos assentamentos, que ainda não está funcionando regularmente, ou em barracas de *camping* próprias.

Essa opção alterou substancialmente a relação entre os sujeitos envolvidos nesse processo de formação universitária de professores. Todas as ações necessárias para a implantação do acampamento, como para a permanência de todos num mesmo espaço, exigiram ações compartilhadas e cooperativas. Isso ocorreu desde a compra de alimentos, preparo das refeições, manutenção da higiene do local até a organização de espaços pedagógicos para os momentos de avaliação e planejamento das situações de ensino.

O convívio diuturno de estudantes, professores, crianças, jovens e adultos agricultores conferiu a essa prática de ensino configurações distintas das que comumente são desenvolvidas. O fato de estarem em um local distante do cotidiano, realizando ações relacionadas à alimentação, à manutenção do espaço utilizado coletivamente e à formação universitária, possibilitou a criação de vínculos afetivos. Desse modo, a relação entre professor e estudante, tanto no que se refere às crianças como aos estudantes universitários, adquiriu uma dimensão diferente daquela presente no início do desenvolvimento da disciplina. Na medida do possível buscou-se suplantar os parâmetros autoritários no exercício da autoridade docente, na organização do ensino voltado para a apropriação de determinados conhecimentos, bem como na distribuição de diferentes tarefas pertinentes ao convívio diário e ao desenvolvimento das "atividades de ensino" e de "aprendizagem".

Constatou-se, ainda, que no intervalo entre o preparo de uma refeição e o de uma situação de ensino, ou, no momento em que exerciam essas ações, ou ainda durante o percurso entre uma escola e o local onde estavam acampados, ocorriam muitas conversas informais. A oportu-

---

sendo, destinada aos estudantes de todos os cursos universitários, que requerem a obrigatoriedade de estágios. Contudo, o número de bolsa de estágio era, e continua sendo, insuficiente para atender a totalidade dos estudantes que têm o direito de recebê-la.

nidade de viver esses momentos e o conteúdo dessas conversas fortaleciam os vínculos entre os participantes desse processo de formação universitária que, portanto, não se restringia ao espaço formal das salas de aula e das reuniões de avaliação e planejamento das situações de ensino, apesar de sua inegável importância.

As interações estabelecidas, bem como o contexto no qual se realizaram, propiciaram situações para que as estudantes universitárias pudessem experimentar sociabilidades diversas, compostas prioritariamente por aspectos da sociabilidade primária. Assim, nas ações desencadeadas, pôde-se experimentar formas de sociabilidade humana novas para a maioria das pessoas envolvidas, principalmente para aquelas jovens estudantes.

Eram diferentes pessoas convivendo em um espaço que se tornara o lugar de aprendizagens diversas, já que "a ocupação do espaço, sua utilização, supõe sua constituição como lugar. O 'salto qualitativo' que leva do espaço ao lugar é, pois, uma construção. O espaço se projeta ou se imagina; o lugar se constrói". (Frago, 2001, p. 61) Ao realizarem uma específica "atividade humana", tais pessoas ocuparam um determinado espaço, utilizando-o com uma finalidade educativa, e tornando-o, conseqüentemente, um lugar de aprendizagem.

Os interlocutores nesses momentos eram os colegas e os professores universitários, os professores das escolas, crianças e jovens estudantes daquelas escolas, seus pais ou mães, agricultores, que poderiam ser ou não dirigentes do MST. Essa gama de interlocução propiciou a ampliação do acervo de conhecimentos que detinham sobre ambas realidades, rural e urbana. Poder-se-ia dizer que tais pessoas, por meio dessas interações sociais, puderam exercitar a possibilidade de apreender ambas realidades em suas contradições.

Cabe salientar que, embora alguns dos fatos relacionados às interações estabelecidas, descritos neste capítulo, possam aparentemente denotar uma certa aproximação com os fenômenos do "populismo pedagógico", especialmente estudado por Paiva (1984), ou do "construtivismo", já criticados por Duarte (2000 e 2000a), por apresentarem aspectos aparentemente similares, o que foi realizado não se caracteriza como uma prática identificada com nenhum dos ideários que constituem tais fenômenos. Da mesma forma, o fato de se ter realizado, por exemplo, exposição oral sistematizada de determinados conhecimentos, como ocorreu no ensino desenvolvido, não caracteriza necessariamente sua adesão à chamada Pedagogia Tradicional.

3.1 As interações entre estudantes, MST e crianças dos assentamentos e acampamentos

> (...) percebemos como é fundamental a coletividade. Sozinhos, somos fracos, em comunidade, ajudando uns aos outros, podemos provocar e incomodar este consenso medíocre, que leva as minorias excluídas à fraqueza e à marginalidade das decisões. (Vogel e Felipe, 2000, p. 2)

Conhecer o "diferente", eis o motivo mais recorrente entre as estudantes. Motivo que as mobilizou na direção de criarem as condições para realizar o exercício da prática de ensino em escolas vinculadas ao MST. Muitas dúvidas pairavam. O que seria esse diferente? Havia uma imagem sobre o MST construída principalmente pela mídia, cuja veracidade queriam checar. Havia também o desejo em conhecer mais sobre um movimento social que vinha se evidenciando.

Entretanto para algumas estudantes, apesar de reconhecerem que se tratava de uma realidade diferente, esta não era algo tão desconhecido assim. Participavam da primeira turma estudantes que já haviam interagido com o MST em outros momentos e, portanto, conheciam algumas pessoas e alguns assentamentos, mas desconheciam a proposta educacional de tal movimento e como as escolas daquela região se organizavam. Outras, ainda, se motivaram simplesmente por sair do cotidiano e viver uma oportunidade que pensavam ser a única. Pois tudo parecia indicar que após aquele momento, na fase seguinte do curso ou mesmo ao concluir a graduação em Pedagogia, as universitárias estariam atuando em escolas públicas urbanas, realidade que parcialmente já conheciam, ao menos como estudantes da educação básica. Compreendiam, portanto, que poderia ser uma oportunidade de conhecer outros contextos que pudessem contribuir para sua formação pessoal e profissional.

Além de conhecer e "experimentar o diferente", também foi manifestado o desejo de compartilhar com as colegas das demais turmas o que seria apropriado.

APRENDER A ENSINAR

Por meio dos textos escritos que elaboraram e nos momentos de entrevistas, foi possível perceber uma alteração na forma como as estudantes compreendiam as ações do MST, em relação àquela que possuíam no início da disciplina "Prática de Ensino da Escola de Ensino Fundamental: Séries Iniciais". Os depoimentos, a seguir, parecem ilustrar esse movimento.

> Quando você ouvia falar em Movimento Sem Terra, você ouvia falar de quê? Agora eu também desvendei um monte de coisas sobre o Movimento Sem Terra! Vi os dois lados! (Giuvana)
>
> Eu fui lá, eu vi, não é bem assim, tem pessoas que trabalham bastante, que lutam... Ali dentro prospera uma paz que acho que ninguém, ninguém pensa que pode ter isso lá dentro também. (Mariana)
>
> Eu acredito no que eu vi lá, eu acredito numa sociedade mais justa, e que isso é possível. Aquelas pessoas me ensinaram isso. (Claudia)
>
> O contato com as famílias e as discussões presentes no interior do MST extrapolaram as limitações do estágio em sala de aula e propiciaram momentos enriquecedores de aprendizado para nós, estagiários. [...] Esse estágio marcou minha vida e, principalmente, minha formação como pedagoga. É impossível passar pela região de Fraiburgo e não recordar dos momentos lá vividos, ou ouvir a mídia falar do MST e não analisar criticamente as informações com o que vivenciei no interior do movimento. Foi um crescimento político! (Klalter)
>
> Aprendi a comer feijão com arroz no prato de plástico, com uma colher torta, num casebre de madeira, cheio de gente e não me sentir pobre. Aprendi que a dor fortalece e faz nascer uma relação mais concreta com a felicidade. E aprendi a ser educadora, mas este aprendizado me parece menos complexo. Essas aprendizagens se deram pelas vivências e trocas de informações. Elas só existiram porque houve relações e ações humanas que se concentraram nesse sentido. (Maria)

Ao menos dois elementos podem ser considerados como os principais responsáveis nesse processo de aprendizagem. O primeiro deles, a leitura das publicações elaboradas pelo setor de educação do MST e a discussão dos seus aspectos históricos e filosóficos. Não era de conhecimento do universo de estudantes que o MST havia elaborado uma produção tão grande e com fundamentação teórica em obras de expoentes nacionais e internacionais da psicologia e sociologia, em especial. Constataram que o que foi estudado indicava, como um dos textos expressava em seu título, os princípios filosóficos e pedagógicos da educação, o horizonte político-pedagógico almejado pelo MST. Princípios que devem orientar a prática pedagógica nas escolas públicas dos assentamentos e nas escolas itinerantes dos acampamentos. Portanto, são princípios de um "devir".

O segundo elemento que contribuiu para a mudança de compreensão das estudantes refere-se à obtenção de informações, ocorrida especialmente no período de observação, por meio de entrevistas e conversas informais entre os estudantes, professores e os dirigentes desse movimento social, bem como com seus participantes que trabalham cotidianamente na agricultura e com famílias de acampados e assentados. Estas pessoas são pais, mães e irmãos de crianças que estudaram nas escolas públicas dos assentamentos e acampamentos organizados pelo MST. Crianças com as quais interagiram pessoal, institucional e profissionalmente. Tais entrevistas e conversas informais foram realizadas nas próprias escolas, nas casas dos agricultores, em um galpão de um dos assentamentos, onde há uma produção coletiva de algumas famílias e nos barracos e espaços coletivos de três acampamentos. Estabelecer este contato possibilitou o acesso a um vasto universo de informações em diferentes âmbitos.

Já no que diz respeito às interações estabelecidas com as crianças, as estudantes universitárias constataram que elas apresentavam características particulares em sua constituição, próprias da história que configura a realidade em que viviam e que constroem. Realidade desconsiderada pelo poder público municipal, que, por sua vez, se pauta por uma visão idílica de criança e por uma postura que homogeneiza as pessoas. A consubstanciação de tais posturas e atitudes se expressa nos materiais didáticos claramente inadequados tanto à educação das crianças de assentamentos e acampamentos rurais, como à de crianças que vivem em condições que não condizem com a idealização materializada. Nessa perspectiva, as palavras de Ângela e Sofia são elucidativas.

> Um garoto pegou uma folha de exercício viso-motor, que o município de Fraiburgo mandava pras escolas, e era pra ele desenhar uma casa pro cachorro, e ele, nada... Daí ele perguntou assim pra uma estagiária: "Como é que cachorro tem casa?". Eu disse assim: "O teu cachorro dorme onde?". "Dorme na barraca com a gente". Mas o cara nasceu numa barraca de lona preta... (risos) Eles tinham terra, mas estavam na lona preta, não tinham

APRENDER A ENSINAR

61

dinheiro pra fazer casa ainda, então como ele ia desenhar uma casinha de cachorro? Ele não conseguia visualizar o cachorro na casinha. (Ângela) Lembro de brincadeiras que eram delas mesmo, daquela comunidade. Brincadeiras que criaram, como "cai no poço", brincadeiras de carrinho de mão. Eu nunca tinha visto em nenhum lugar assim. Então eu penso que sejam próprias daquelas crianças. A brincadeira delas com gelatina, eu nunca tinha visto. (risos) É engraçado, mas ao mesmo tempo deixa a gente indignada! Porque... Eu costumo usar este exemplo em sala de aula, porque a gente acha que todas as crianças fazem aniversário com velinha, todas comem bolo, conhecem brigadeiro, cajuzinho e beijinho. Não é assim, eu conheci crianças que não conheciam o que era uma gelatina! Por isso, é bom a gente tomar cuidado. Quando a gente fala de criança, é bom saber de que criança a gente está falando. (Sofia)

O conhecimento acerca das crianças com as quais as estudantes universitárias iriam interagir, iriam dirigir sua ação docente, a condição de "ser criança", a relação da criança com a escola, como um ser que já existe antes de viver a condição social de aluno, não se constituía em tema abordado nas disciplinas que antecediam o exercício da prática de ensino, como comprovou Nelzi Flor. (2003) A autora, investigando o curso de Pedagogia da Universidade Federal de Santa Catarina, constatou, ao analisar os planos de ensino das disciplinas oferecidas aos estudantes no período entre 1996 e 2002, a não existência, até 1998, de nenhuma unidade didática que denotasse explicitamente a abordagem da condição social de "ser criança". Contudo, em alguns planos, foram encontradas referências bibliográficas que tratavam do tema, como, por exemplo, Ariès (1979), Kramer (1987) e Martins (1993).

Desse modo, apesar da leitura dos referidos autores, as estudantes se surpreenderam com a realidade da condição de "ser criança" nos assentamentos.

As crianças com as quais as estudantes interagiram ocupam um lugar específico nas relações sociais estabelecidas naquele contexto, exercitando sua participação dia-a-dia.

As crianças de assentamento apresentam uma maturidade política, uma discussão política, que não encontramos em crianças da mesma idade que moram em centros urbanos. No MST existe toda a discussão sobre o movimento, em que todos participam, inclusive as crianças. (Klalter)

E era marcante a participação das crianças em todo processo político, as crianças participavam de assembléias, reuniões e decisões. (Ângela)

Era raro encontrar aquela atitude de tutela exacerbada, freqüente em meios urbanos, especialmente de setores médios da população, da chamada classe média urbana. As crianças, quando não estavam na escola, acompanhavam o adulto em suas tarefas diárias de trabalho e militância política.

A importância da participação social das crianças para sua constituição como sujeitos de direitos é inegável.[2] Contudo, primeiramente há que se ponderar que existem perigos à integridade física e moral, aos quais adultos e crianças estão submetidos nos conflitos no campo, quer seja nos acampamentos, quer seja nos assentamentos.

É de conhecimento público que existe uma preocupação da direção do MST em criar espaços políticos de encontro entre as crianças de assentamentos e acampamentos, como os que ocorreram, por exemplo, em Santa Catarina nos anos de 1997 e 2003.[3] Além disso, o MST vem promovendo concursos nacionais temáticos, publicando textos e desenhos que retratam a expressão das crianças e adolescentes de assentamentos e acampamentos em todo o território nacional.[4]

Aqui também caberia uma outra ponderação a ser feita, que se refere à extensão e aos contornos da participação dessas crianças em eventos políticos dessa natureza.

Especificamente no encontro de 1997, o referencial de participação foi o da tradição de militância adulta herdada de históricos movimentos e organizações sociais, caracterizada por traços de autoritarismo presentes tanto na estrutura social capitalista como nas formações so-

---

2. Sobre o entendimento da criança como sujeito de direitos, confira Quinteiro (2000).

3. Sobre o encontro ocorrido em 1997, veja o Manifesto das Crianças e Adolescentes do MST ao Povo Catarinense lido por uma criança, no ato de encerramento do encontro, na Assembléia Legislativa do Estado de Santa Catarina, após a marcha realizada pelas crianças e organizadores no centro de Florianópolis. Confira também a análise desse episódio elaborada por Quinteiro (2000).

4. Confira as publicações *Desenhando o Brasil*, que traz as produções eleitas pelo concurso nacional de redações e desenhos realizado pelo MST em 1998; *Feliz Aniversário MST!*, que reúne trabalhos escolhidos em 1999; *Crianças em Movimento: as mobilizações infantis no MST* (1999c).

APRENDER A ENSINAR

ciais configuradas pelo denominado "socialismo real". Já no encontro realizado em 2003, apesar da persistência de alguns limites, buscou-se intencionalmente superar a referida tradição, por meio de ações concretas, realizadas pela comissão organizadora do evento, constituída por sua vez por componentes do Setor de Educação do MST, pesquisadores de temáticas relacionadas à educação, criança, infância e movimentos sociais, como também por professores e estudantes universitários de outras áreas.

De todo modo, caberia perguntar: como garantir a participação das crianças como sujeitos histórico-culturais, que podem ter voz e vez nas ações desempenhadas nessa perspectiva? Como garantir essa condição em eventos periódicos ou esporádicos, que reúnem centenas de crianças? É possível ouvir a voz de cada criança em meio à multidão? Como garantir a integridade física e moral das crianças em ações políticas de confronto, que ameaçam tanto adultos como crianças? Até quando situações de conflito no campo serão encaradas apenas como mais uma manchete nos noticiários?

Essas eram e ainda continuam sendo perguntas que mobilizam alguns professores e estudantes universitários a agir política e pedagogicamente com o objetivo de criar, pouco a pouco, uma outra realidade, ainda que seja a prática da coerência entre o que se pensa e o que se faz, como se infere das palavras a seguir:

> (...) pouco a pouco fomos aproximando nossa prática à teoria em que acreditamos (...) passamos a entender a criança como sujeito e não como construção de um sujeito que será sujeito só no futuro. (...) Entendemos que aluno e criança são a mesma pessoa e não tem como separá-los. (Vogel e Felipe, 2000, p. 7 e 9)

Ainda no âmbito da organização política, as estudantes universitárias conheceram também como e por que as pessoas que já estão assentadas ainda se consideram *Sem-Terra*.[5] Constataram que estas buscam viver os mesmos valores que as motivaram a ingressarem no MST e exercitar os mesmos princípios propalados por tal movimento social.

---

5. Considerando os limites do presente texto, não será abordado o tema da identidade *Sem-Terra*. Desse modo, sugere-se a leitura de Caldart (2000), que dedica boa parte dessa obra ao referido tema.

Conheceram parte da história de vida daqueles sujeitos, seus problemas, dificuldades, sonhos e conquistas. Souberam que, como toda ação na sociedade, há contradições. Há assentados que venderam os lotes, como ocorre nos centros urbanos com propriedades residenciais financiadas pelo Estado brasileiro por meio do chamado "contrato particular de compra e venda", conhecido vulgarmente como "contrato de gaveta". Essa atitude é criticada especialmente pela direção do MST, pois a obtenção da terra é considerada uma conquista coletiva. Também tiveram a oportunidade de interagir com camponeses e camponesas que plantam, colhem, recebem muito pouco quando vendem o produto de seu trabalho e muitas vezes perdem quase tudo o que produziram, mas insistem no sonho de continuar produzindo sua existência e a de seus familiares a partir do cultivo da terra. Alguns vão mais longe e cultivam sem agrotóxicos, prática produtiva que requer muito mais cuidado, mas que denota uma preocupação ecológica. Por fim, conheceram fragmentos de histórias de vida de vários adultos e crianças acampados. Seres humanos que ainda não conquistaram o direito de ter onde plantar, morar, viver com dignidade.

Foi por meio das interações estabelecidas com tais pessoas que estudantes e professores universitários puderam viver um momento especial em seu processo de formação. Exemplo dessas interações foi o episódio do despejo de famílias no Acampamento Darcy Ribeiro, ocorrido no final de 1999, em meio ao qual estudantes e professores universitários, crianças, jovens, seus pais e professores viram-se como alvo de um ato de força. Em um dos dias em que estudantes e professores universitários estavam desenvolvendo as ações pedagógicas relacionadas aos projetos de ensino naquelas escolas, foram, assim que acordaram, informados pelos professores das escolas dos assentamentos que as famílias do referido acampamento estavam sendo despejadas de seus barracos. Os policiais militares chegaram, de madrugada, próximo ao local, em um ônibus de uma viação comercial, que faz o transporte rodoviário intermunicipal e interestadual. Desse local caminharam até o acampamento e iniciaram ações demandadas por um instrumento jurídico de reintegração de posse. Quando estudantes e professores universitários, professores das escolas dos assentamentos chegaram até o local, assistiram a cenas inéditas em suas vidas. Viram, por exemplo, por entre os escombros dos barracos e em meio às pessoas que recolhiam seus poucos pertences, uma criança, estudante da escola itinerante, olhando para uma pequena plantação de alfaces a qual vinha cultivando e dela afinal não poderia colher o produto de seu trabalho.

O olhar sob os capuzes negros dos policiais, que empunhavam metralhadoras voltadas para seres humanos em busca de seus sonhos, disse muito sobre o poder institucional manifestado pela força coercitiva de um Estado, defensor dos interesses da propriedade privada, e que perpetua a concentração de renda nas mãos de poucos e a injusta desigualdade social.[6]

Surpreendentemente, à tarde desse mesmo dia, diante de uma situação imaginária desencadeada por um personagem de literatura infantil, que nutria o sonho de ser um humano, quem ensinava lições de vida e de humanidade era o sorriso da mesma criança que pela manhã fora obrigada a deixar o cultivo de seu alimento e local onde estava morando.

A decisão coletiva de prosseguir as ações pedagógicas na escola, logo depois de realizada em conjunto a primeira refeição do dia, gerou um profundo processo de reflexão também coletiva sobre: a realidade político-social brasileira, com ênfase na produção da existência humana sob as condições desumanas inerentes à exploração capitalista; a importância da imaginação para o desenvolvimento do ser humano, em particular para as crianças, e a relevância da função social da instituição escolar como espaço de humanização.

Remetendo-se a uma outra criança com a qual interagiu, o testemunho oral de uma das estudantes, transcrito a seguir, evidencia o significado desse momento. Segundo a estudante,

> foi uma experiência intensa. [...] Nós vivenciamos invasões dos policiais. Não é invasão do MST, é invasão dos policiais. Eles [os militantes do MST] não invadem, eles ocupam. Foi isto que nós aprendemos e nós vimos. Então, nós vivenciamos isto. Nós entrevistamos aquelas crianças do acampamento antes de voltar pra prática. Uma delas me ficou marcada. Uma menina que disse que o sonho dela era ter uma casa pra plantar uma flor e que de repente, quando ela conseguiu plantar a flor,

---

6. Nesse período, conforme BID (1998), o coeficiente de Gini — medida que registra a desigualdade na distribuição da renda — atribuído para o Brasil, em 1998, foi de 0,59, numa escala de zero a um. Já para os países nórdicos, o coeficiente atribuído foi de 0,25.

a propriedade dela ali, naquele instante, foi invadida pelos policiais. Então, como é que fica aquela flor, ali pra ela? Não é uma simples flor, era um sonho que ela tinha plantado. Nós vivenciamos intensamente isso. [...] A preocupação do Roque [uma das lideranças estaduais], naquela noite.[...] São coisas que hoje a gente não vê. [...] Eles não pensavam só na vida deles. Era a vida do grupo. Lutar juntos [...] agora eu sei o que é realmente lutar juntos por um ideal! Eu vejo que a educação tem muito a aprender com isso. Isso se refletia na escola, mas não era só um simples reflexo assim, porque se pensava a escola assim, porque se pensava a sociedade assim. Eles queriam um mundo novo. Eles não queriam as coisas do jeito que tão. Então, é claro que isso se reflete no jeito em que eles viam o homem, aquilo que a gente fala. O que é que é necessário para tu ser um educador? O que tu pensas do homem? O que tu pensas do mundo? E o que tu pensas da sociedade? É um conceito sempre aberto porque a gente está sempre se transformando [...] Eles pensavam o homem de uma maneira diferente, pensavam a sociedade de uma maneira diferente, logo, a escola também tinha que ser diferente. E a gente entrou nisso, porque a gente começou [...] se a gente não acreditava a gente passou a acreditar que pode dar certo, que dá para trazer isso para a nossa experiência hoje. (Sofia)

Nesse trecho, ainda pode ser verificado como a estudante estabeleceu a relação entre o que ocorreu e o projeto político do MST. Ao mesmo tempo traça a relação entre o que é abordado na universidade sobre a finalidade formativa da instituição escolar e suas implicações na elaboração e apropriação de uma concepção filosófica, que possa vir orientar a atuação dos sujeitos, para além da escola.

Ao se referirem ao episódio mencionado, aspectos semelhantes também podem ser verificados no seguinte excerto do texto elaborado por duas estudantes que exercitaram a prática de ensino com uma turma de crianças da escola itinerante do acampamento Darcy Ribeiro,

(...) foi a partir dessa situação de conflito que conseguimos de fato nos inserir no contexto de nossos alunos.

Foi nesse momento que entramos numa cena que até então havíamos apenas visto nas revistas, nesse momento que nos sentimos parte da vida daquelas pessoas, que percebemos a diferença entre simplesmente *dizer* que devemos partir da realidade do aluno e *de fato* agir partindo desta realidade.

Sentimo-nos parte da vida daquelas pessoas, nós também estávamos na mira dos policiais. Vimos e sentimos com "nossas crianças" a tristeza de mais uma batalha perdida. Era necessário reunir forças para recomeçar. (Vogel e Felipe, 2000, p. 7)

Diante da necessidade de continuar a produzir sua existência, aqueles seres humanos, insistindo no entendimento que tal episódio representava mais um momento nesse processo de conquista da terra, partiram para o local onde haviam acampado originalmente. Com o passar do tempo, vivendo a morosidade das negociações, as intempéries características daquela região, várias famílias abandonaram aquele acampamento. As que resistiram juntaram-se a um outro acampamento localizado em uma região próxima dali, acreditando que o sonho da conquista da terra possa, um dia, se tornar realidade.

Por fim, apoiadas, talvez, na apropriação da perspectiva histórica desse movimento social, as mesmas estudantes, citadas acima, escreveram:

a experiência lá vivida foi sem dúvida enriquecedora para nossa formação e para a "reciclagem" dos educadores de lá. Mas principalmente serviu para entendermos que independentemente da nossa presença lá, o sonho e a luta pela dignidade *começaram antes de nós e vão continuar depois de nós.* (Vogel e Felipe, 2000, p. 7, grifos nossos)

3.2 As interações entre estudantes universitárias e estudantes das escolas de ensino fundamental

Como alguns dos aspectos das interações estabelecidas entre as estudantes universitárias e as crianças dos assentamentos e acampamentos já foram mencionadas anteriormente, a seguir serão abordados os aspectos relacionados às interações entre elas nas situações de ensino.

Havia um grupo de estudantes que demonstrou diferentes sentimentos e aprendizados desencadeados pelas interações com as crianças, na condição de professoras das mesmas. A possibilidade de conhecer elementos da realidade em que se inseriam as crianças, sem deixar de assumir o papel da escola na socialização do conhecimento sistematizado e, ao mesmo tempo, poder saber que ainda existem relações de respeito entre os estudantes e professores em escolas públicas, bem como que o interesse pela escola mobiliza a participação de um estudante que não teve acesso à instituição escolar em idade regular, ampliaram os contornos do conteúdo da "atividade de aprendizagem" das estudantes universitárias. Os fenômenos da violência na escola e da denominada "correção de fluxo", por exemplo, passam a ser compreendidos de modo mais complexo. Não foi o sistema de ensino que impossibilitou o fluxo da escolaridade, e sim, as injustiças sociais. Há um cuidado com a escola, visível não só na preservação do prédio como no cultivo de relações sociais pautadas pelo respeito. E esse respeito também foi exercitado pelas estudantes.

Além do respeito e da postura política, os estudantes das escolas demonstravam uma curiosidade em conhecer o que provocou as universitárias a se mobilizarem. A complexidade das perguntas das crianças levou as universitárias a buscarem suas colegas para solucionar os problemas com os quais se deparavam.

Assim, pode-se afirmar que as ações dos estudantes das escolas desencadearam outras que extrapolavam o espaço da sala de aula. E o lugar da aprendizagem das universitárias se expandia, era dentro e fora da sala de aula. Isso pode ser considerado como uma introdução ao que iriam encontrar quando estivessem assumindo uma turma por um período mais longo, como professoras. Parece que a necessidade da procura do outro para ampliar sua inserção no mundo foi um aprendizado.

A alegria expressa nos diferentes momentos do desenvolvimento dos projetos de ensino e na manifestação do modo como as crianças daquelas escolas aprenderam, denota que foram desencadeadas ações intencionais na direção de ensiná-los, com objetivos claros definidos anteriormente, e que tais objetivos foram atingidos. Portanto, o significado social do ensino coincidiu com o sentido da aprendizagem, atribuído pelas crianças.

Diante da crítica de como a escola, de modo geral, pode produzir o fracasso escolar (Patto, 1991 e Sampaio, 1998), as universitárias parecem ter assumido a postura de respeito aos interesses das crianças, na medida em que proporcionaram situações de ensino que convidavam tais crianças a participarem, que as mobilizavam nessa direção. Segundo dados obtidos por observação em aulas e em momentos de intervalos na escola, constatou-se que em uma das turmas havia um estudante, com idade muito superior à dos demais, que se comportava agressivamente com seus colegas e até mesmo com a professora da classe. Isso exigiu que as universitárias buscassem agir com mais cuidado e atenção, de modo que ele se sentisse incluído no que fosse proposto durante o exercício da prática de ensino.

A superação do preconceito é um desafio para a formação de qualquer pessoa. Mas para o professor é uma condição para exercer seu trabalho de forma a cumprir sua função social: possibilitar o desenvolvimento da condição humana às novas gerações. Há muito que ser superado nessa perspectiva, pois a existência de uma "cultura" própria da escola como instituição social (Forquin, 1993) impõe limites rígidos às possibilidades de desempenho da sua função social, provocando contradições que se contrapõem, especialmente, quando há situações em que os professores buscam intencionalmente efetivar tal função, tentando exercitar princípios educativos nessa direção, como é o caso dos defendidos pelo MST. (1996a e 1999)

Mas houve momentos nos quais uma tarefa específica da escola foi realizada. Segundo a pesquisadora dinamarquesa Mariane Hedegaard, é tarefa da escola "ensinar conceitos científicos às crianças de uma forma teórica pela aplicação de um procedimento epistemológico teórico. Os conceitos cotidianos das crianças são, desse modo, ampliados para incluir conceitos científicos teóricos". (2002, p. 348)

Isso ocorreu em diversos projetos de ensino que culminaram na elaboração de portadores de linguagem escrita, sínteses do que foi aprendido. As crianças, ao se apropriarem de conhecimentos relativos, por exemplo, à Língua Portuguesa, se tornaram capazes de produzir jornais, histórias em quadrinhos, pequenos livros contendo narrativas e textos instrucionais. Tais produções criaram campos de possibilidade para que outras práticas sociais mediadas pela escrita se tornassem mais presentes naquele contexto rural, que ainda mantinha pessoas sem o domínio da leitura e escrita, conferindo, dessa forma, outros contornos ao letramento.[7] Segundo Mariana, os estudantes da terceira série do ensino fundamental, por exemplo,

> foram leitores e depois elas conseguiram ser os autores dos próprios livros. E tudo isso não foi só fazendo uma atividade, foi brincando, foi

---

7. Considerando os limites deste texto e a complexidade do tema, que mereceria uma abordagem específica, a importância da linguagem escrita na constituição humana, em geral, e as diferenças entre letramento e alfabetização, em particular, não serão exploradas. Contudo, recomenda-se a leitura de dois autores em especial Soares (1998), Vigotski (2001) e Vuigotskij (1987).

pesquisando, foi conversando, foi rindo, que a gente ria muito, eu acho que foi uma coisa tranqüila, não foi nada forçado. No final, eles tiveram aquele resultado... [referência à satisfação dos estudantes e de seus pais no dia do "lançamento da obra", bem como da qualidade da produção escrita dos autores] acho que foi legal! (Mariana)

Uma pergunta esteve também presente em vários momentos: por que não ensinar às crianças algo além do cotidiano? Essa pergunta levou muitas das estudantes a criarem situações de ensino que envolvessem a busca de fontes de conhecimentos sistematizados a partir de problemas teóricos postos diante da realidade cotidiana, como, por exemplo, a relação entre a composição do solo e a produtividade agrícola.

No entanto, como já foi mencionado anteriormente, a angústia, o medo, estiveram presentes nas interações das estudantes com as crianças, especialmente porque para muitas destas era a primeira vez que se viam diante de crianças na condição de professora.[8] Mas na medida em que as estudantes foram convivendo com as crianças, planejando, exercitando a prática de ensino, avaliando-a e re-planejando as situações de ensino, novamente as realizando e simultaneamente apropriando-se dos conhecimentos necessários para a organização e execução do ensino, a intensidade desses sentimentos e emoções foi se diluindo. Chegou-se a ponto de se descobrir a importância das emoções na relação pedagógica só posteriormente.

Considerando a complexidade das interações estabelecidas e como havia o entendimento de que razão e afetividade constituem uma unidade, buscou-se cuidar para que essa unidade não se rompesse. Pois, conforme Vigotski,

> existe um sistema semântico dinâmico que representa a unidade dos processos afetivos e intelectuais, que em toda idéia existe, em forma elaborada, uma relação afetiva do homem com a realidade representada nessa idéia. Ela permite revelar o movimento direto que vai da necessidade e das motivações do homem a um determinado sentido do seu pensamento, e o movimento inverso da dinâmica do pensamento à dinâmica do comportamento e à atividade concreta do indivíduo. (Vigotski, 2001, p. 16)

---

8. Como a origem desse sentimento não era objeto desta investigação, este tema não será abordado. Entretanto, convém ressaltar sua importância e a necessidade de futuras pesquisas o tornarem objeto de estudo.

Nesta perspectiva, a importância da escola, naquele contexto compreendida também como espaço de sociabilidade, foi uma descoberta proporcionada pela reflexão acerca das interações das estudantes com as crianças, inclusive nos finais de semana.

Talvez por não terem acesso a outras instituições sociais para além da família e, para alguns, a igreja, a escola assume um papel tão importante naquele contexto rural. Mas, com certeza, ali, a escola é o lugar, a construção social, onde tais seres humanos de pouca idade podem encontrar seus iguais. Pessoas que, possuindo a mesma idade, podem ter os mesmos interesses, podem estar vivendo situações que provoquem emoções e sentimentos que irão constituí-las. Da mesma forma, é lugar no qual irão se deparar com situações específicas que nenhum outro lugar lhes proporcionará. Um lugar que as colocará diante de problemas que serão capazes de resolver de maneira ricamente diversa e de conhecimentos que podem vir a ampliar seus horizontes e sonhos. Portanto, um lugar que deve tirar a criança da obscuridade e considerá-la como um ser humano concreto, um estudante, um ser em atividade, que tem luz própria e não mais um "aluno", um ser que não possui luz e que, por viver tal condição, ao ser "iluminado" por determinados conhecimentos ou pelos seus detentores, deixa a criança e suas múltiplas expressões, dimensões e condições à sombra.

3.3 As interações entre estudantes universitárias e professores das escolas de ensino fundamental

> Eu aprendi com os professores da escola. Aprendi a ver a forma como eles se organizavam; cada um tinha uma forma de trabalhar, tinha um perfil [...]. Aprendi com eles como trabalhar com as crianças, [...] que atitudes tomar, a saber lidar com elas. (Tatiany)

A participação dos professores das escolas de ensino fundamental no processo de formação universitária de professores ocorre, comumente, de maneira aleatória, não sistemática. Pela tradição da relação geralmente ocorrida entre as agências formadoras de professores e as escolas públicas, os estudantes, chamados de estagiários, são considerados como substitutos dos professores por um determinado período de tempo. Assim, por meio de acordos tácitos, possibilita-se aos professores que "descansem" da tarefa educativa, realizada em precárias condições de trabalho, conhecidas por todos, tanto do ponto de vista da dimensão humana como dos recursos materiais disponíveis.

Porém, conforme se constatou, os professores de escolas de ensino fundamental, que recebem estudantes universitários em suas salas de aula, podem efetivamente contribuir para sua a formação, uma vez que detêm conhecimentos específicos sobre a turma de crianças com a qual esses aprendizes irão interagir, bem como conhecimentos relacionados à pedagogia, de modo geral, e à didática, em particular. Ao mesmo tempo, ainda que episódica e restritamente, tais professores também podem oferecer elementos para que a hierarquia, instituída socialmente, entre estudantes universitários e professores das séries iniciais do ensino fundamental, seja diluída. Esses elementos se referem, principalmente, à forma como tais professores, mediante seus esquemas práticos e estratégicos,[9] delineiam a organização da prática educativa escolar; e, no caso específico dos professores das referidas escolas rurais, à qualidade ética que imprimiam em suas ações educativas.

Um outro aspecto importante da participação dos professores das referidas escolas refere-se à sua responsabilidade com o desenvolvimento das crianças. Após o intervalo de participação das estudantes universitárias, esses professores voltavam a assumir a classe, e o fato de terem acompanhado o que foi realizado com as crianças pode ter contribuído para a continuidade dos processos de ensino e de aprendizagem, evitando, portanto, lapsos na formação das mesmas, o que poderia ocorrer, caso estivessem ausentes no período no qual as universitárias estavam ministrando as aulas.

---

9. Segundo o pesquisador espanhol Gimeno Sacristán, "o esquema prático é a ordem implícita da acção, reguladora de seu desenvolvimento. A prática é o somatório dos esquemas práticos postos em jogo. (...) Os esquemas práticos encontram-se enraizados na cultura e fazem com que os professores se assemelhem, apesar das nuances pessoais que inevitavelmente existem". Já os esquemas estratégicos referem-se à intencionalidade das ações, o que promove a necessária flexibilidade e diferenciação entre as práticas". Um esquema prático é uma rotina; um esquema estratégico é um princípio regulador a nível intelectual e prático, isto é, é uma ordem consciente na acção." (1995, pp. 79-80)

APRENDER A ENSINAR

No entanto, a relação entre as estudantes e as crianças é muito diferente da estabelecida entre professor e sua turma. Por mais que se cuide para que haja uma certa continuidade no ensino de determinados conteúdos ou na utilização dos mesmos procedimentos didáticos, essa relação será sempre episódica e única.

Daí a opção em organizar a atuação das estudantes universitárias em projetos de ensino, como um recurso didático-metodológico, permitindo que as ações propostas tenham começo, meio e fim em si mesmas. Além disso, os projetos de ensino eram compreendidos como uma atuação especial e condicionada aos limites de tempo, de espaço e possibilidades de criação de vínculos. Assim, as estudantes também poderiam contribuir para a continuidade de formação dos professores daquelas escolas, visto que organizar o ensino por projetos era uma prática não recorrente entre eles.

A criação de vínculos afetivos e de confiança mútua caracterizou também as interações entre os professores e as estudantes, expandindo os limites de atuação de ambos, o que acarretou mudanças de atitudes, inclusive, perante as crianças e a avaliação do denominado rendimento escolar das mesmas. Entretanto, houve um caso específico que foi considerado por uma das estudantes universitárias como uma experiência desagradável, dada a forma como o professor de uma das escolas de ensino fundamental escreveu a avaliação do desempenho da mesma com as crianças e com o conhecimento abordado em suas aulas.

3.4 As interações entre os próprios estudantes universitários

> Todos os dias nos construíamos e nos desmoronávamos várias vezes por dia, todos os dias. Éramos muito críticos e não nos poupávamos, nem por amizade nem por compaixão; queríamos crescer e queríamos que todos estivessem juntos nesse crescimento. (Maria)

As interações estabelecidas entre as estudantes do curso de Pedagogia e as que ocorreram entre elas e os estudantes de Educação Física promoveram momentos de desenvolvimento de ambos os grupos, compreendidos, porém, de forma distinta entre as estudantes.

Para algumas, tais momentos foram marcados pelo entendimento de que o "outro" poderia contribuir para sua formação. Outras compreendiam que as interações entre as estudantes que atuaram no acampamento e as que atuaram nas escolas do assentamento proporcionaram que os medos, a insegurança, fossem compartilhados. Para a maioria era a primeira vez que entrava em uma sala de aula nessa nova condição social: ser professora. Os depoimentos a seguir ilustram essa situação:

> Às vezes eu chegava lá querendo um colo e eu que tinha que dar colo pra alguém porque o outro estava com mais dificuldade do que a gente. Então eu acho que isso foi muito legal lá. Esse grupo, esse trabalho em grupo, mesmo, porque foi um trabalho em grupo mesmo. (Mariana)

> Uma coisa que me marcou muito na prática de ensino lá, especificamente, foi a convivência no grupo, com os outros estagiários. Que a gente podia conversar as angústias, os problemas, os erros e os acertos, as alegrias e tristezas de cada um. Aprender a viver em grupo mesmo. A nossa vida é tão cada um na sua casa, cada um no seu carro, cada um no seu caminho, que a gente esquece de tá partilhando, lá a gente formou um grupo muito legal. (Claudia)

A convivência também possibilitou o exercício da tolerância, do respeito às diferenças e a criação de vínculos de amizade. Eram pessoas com histórias de vidas diferenciadas. Jovens estudantes, mulheres, mães e até avós. Pessoas que começaram a trabalhar muito cedo e outras que viviam a condição de ser plenamente estudantes. Para Claudia,

> por mais diferenças que a gente tenha, do grupo todo — claro que tem pessoas que tu cria mais afinidade, que tu tem um vínculo maior — mas por mais diferença que a gente tenha de vida, de personalidade de estilo de vida, todas aquelas pessoas com quem a gente conviveu naquele tempo... quando a gente se encontra, a gente tem uma coisa em comum, um momento em comum: a relação de amigos que a gente fez mesmo. Por isso que torna aquele estágio tão especial e tão diferente dos outros. Porque a gente acabou vivendo meio que numa família, brigando e se amando, naquela confusão de brigar por causa da comida, do horário, porque um fez barulho e eu queria dormir. Isso faz com que a gente crie um vínculo de verdade. Acho que aquela situação foi muito boa, de viver junto com todas as diferenças, e se aceitando e se respeitando. Isso foi especial mesmo. (Claudia)

Essa tolerância, segundo outros depoimentos, não esteve presente nas interações com o grupo. Nesses depoimentos, as interações foram caracterizadas pela disputa de quem se sairia melhor no exercício da prática de ensino. Superar o que haviam internalizado, para algumas das estudantes, vivendo por tantos anos uma cultura escolar que enfatiza o mérito, constituiu-se num desafio no seu processo de formação, como, por exemplo, pode ser evidenciado nas palavras a seguir.

> Ai, porque têm disputas, porque tem concorrência, porque tem quem tem experiência e os que não têm, que eu quero ser tão boa quanto aquelas que já tem. Então eu acho que isso foi o maior desafio assim. E foi uma dificuldade e eu fiquei mal no MST, eu fiquei mal depois que eu voltei de lá. Não consegui de nenhuma forma passar isso que eu estava sentindo, me expressar, mas eu acho que foi uma aprendizagem de convivência, e assim, com aquelas pessoas lá da pedagogia, educação física, vivendo aquela experiência que era diferente da nossa. Como? Como juntar isso? Como viver em comunidade? Como ser democrática? Como compartilhar convivendo com a competição, com a disputa, com ... Eu acho que isso foi que eu avaliei que...era um desafio ..., era uma coisa minha e da minha parceira, que a gente chorava por isso. Porque pra todo mundo parecia que estava tudo lindo, maravilhoso e dando certo e pra gente não parecia. Era um fantasma. A gente avaliou aqui no final. Porque a gente era inexperiente ..., por tudo isso. Mas todo mundo socializava maravilhas e o nosso projeto parecia que não era nada daquilo. Bem fantasia! Hoje, eu digo isso, mas na época me fez bastante mal e acho que de alguma forma acabou frustrando, até pra depois voltar e registrar... aquele artigo que a gente tinha que escrever. Nossa! A gente queria escrever que foi muito legal ir pra lá, foi muito legal fazer experiência, mas tudo que a gente aprendeu lá a gente não estava colocando em prática lá mesmo com o nosso grupo. Em alguns momentos a gente não, não agiu em comunidade, a gente não agiu com parceria, agiu, sim, cada um na sua dupla e individualmente. (Rafaela).

Da mesma maneira, também era frustrante reconhecer a importância e os limites da constituição de um coletivo para a aprendizagem, impostos no âmbito da formação universitária, bem como a incapacidade de suplantar as barreiras de pequenos grupos no interior de um agrupamento imposto institucionalmente, pois o coletivo se constitui pelos motivos e objetivos comuns entre as pessoas. No entanto, as estudantes, ao serem aprovadas no concurso vestibular, efetuaram suas matrículas no curso, viabilizando, dessa maneira, seu ingresso na universidade e passaram a compor aleatoriamente uma turma. Como em qualquer instituição escolar e qualquer curso profissionalizante, não há como escolher com quem irá se compartilhar o caminho da formação de professores que está por vir. Assim, diante dessa situação, buscaram agrupar-se por afinidades. Os interesses, muitas vezes discrepantes em uma mesma turma, davam o tom a cada grupo que se formava.

Já no que se refere às interações estabelecidas entre as estudantes de Pedagogia e os estudantes de Educação Física, constatou-se que, para algumas estudantes, não se realizou a elaboração e tampouco o desenvolvimento de projetos comuns. O que ocorreu foi uma relação delineada pela aproximação entre esses dois campos.

Contudo, houve estudantes que consideraram que as interações com os colegas do curso de Educação Física possibilitaram troca entre os conhecimentos de ambas as áreas. O fato de a Educação Física promover suas práticas de ensino em espaços abertos, fora do âmbito da sala de aula, como pode ter ocorrido na vivência das estudantes quando eram crianças (fato ainda freqüente nas escolas de ensino fundamental) parece ter permanecido no acervo mnemônico dessas mesmas estudantes e contribuído para que elas ainda mantivessem essa mesma idéia sobre o ensino da Educação Física. As estudantes dizem ter percebido mais elementos para a compreensão do "ser criança" ao observarem as crianças e a atuação de seus colegas nesse espaço. Mas ainda afirmam que suas atuações também permitiram aos estudantes de Educação Física a compreensão de que a sala de aula também pode ser um espaço desafiador. Segundo Sofia,

> também o olhar dos colegas da Educação Física nos ajudou bastante a estar percebendo a criança no aluno, porque era no espaço aberto, além da sala de aula que a gente percebia esse ser criança também. Acho que a Educação Física também aprendeu com a gente como também tornar o espaço da sala em um ambiente desafiador. Então aprendemos a estar trazendo a Educação Física para dentro da sala e colocando a Pedagogia para fora. (risos) (Sofia)

Dada a disponibilidade de tempo e interesse manifesto pelos estudantes dos dois cursos, formou-se um terceiro grupo de estudantes que afirmou ter sido uma conquista a integração entre eles em suas práticas de ensino, tanto em momentos de elaboração como no desenvolvimento dos projetos, o que proporcionou a formação de vínculos entre eles. Constituindo esse grupo mais amplo, em todas as turmas havia pelo menos um grupo de estudantes de Pedagogia e Educação Física que elaborava seus projetos de ensino envolvendo contextos literários e/ou atuação de personagens de literatura infantil comuns, como, por exemplo, Terra do Nunca, Peter Pan, Bruxa Onilda, Emília e Visconde de Sabugoza.[10] Porém, apesar de terem considerado que realizaram um trabalho integrado, houve quem enfatizasse a diferença de ritmo na aprendizagem e na atuação docente entre eles, especialmente quando se referia ao planejamento por projetos de ensino, como pode se verificar a seguir.

> O nosso estágio foi integrado. Então nós trabalhamos teatro, personagens de teatro, fizemos fantoches, as crianças batizaram os fantoches e daí as situações que iam passando pela sala de aula sempre passavam pelos fantoches antes e foi interessante porque a criançada embarcava na fantasia legal.[...] Mas tivemos assim, a questão dos tempos, os tempos da educação física eram muito diferentes do da pedagogia, a questão de conceitos, eu nunca tive problemas com a questão de planejamento porque eu nunca tinha trabalhado com planejamento, eu sempre trabalhei em escolas alternativas antes. Mas quem trabalhava com planejamento pra pegar de repente um projeto (risos) Aí a coisa complicava. A questão da distribuição das atividades e de entender mesmo o que é projeto. (Ângela)

Embora a estudante tenha mencionado os "tempos diferentes", pode-se considerar que a dificuldade estava mais relacionada aos conhecimentos sobre os procedimentos didáticos e os projetos como um recurso para a organização do ensino do que ao ritmo de aprendizagem de colegas de outra área. Quando a estudante menciona a dificuldade de quem estava acostumada a elaborar planejamentos está se referindo, especialmente, às exigências inerentes ao próprio instrumento utilizado, como ela mesma complementa a seguir.

---

10. Convém lembrar que "Terra do Nunca", "Peter Pan", "Emília" e "Visconde de Sabugoza" são criações literárias de James Matthew Barrie e de Monteiro Lobato, respectivamente. E a "Bruxa Onilda" é a versão em português da personagem catalã "La Bruja Aburrida", criada por Enric Larreula e Roser Capdevila.

Eu passei a entender mesmo o que era trabalhar com projeto depois que eu me formei. Fiquei trabalhando dois anos com projeto, e a cada etapa você vai tendo um conhecimento mais aprofundado. (Ângela)

Por fim, dois depoimentos surgem afirmando que houve um aprendizado comum:

> É a importância que teve essa interação, a Educação Física que ela não está fora do processo de ensino-aprendizagem, das crianças, ela não fica fora, ela é junta. E por que o professor de educação física tem que dar aula aquém? Parece que ele está aquém da situação do processo de ensino-aprendizagem. Enquanto lá no movimento a gente conseguiu unir as duas coisas, o professor com o professor de educação física, mostrando que se pode trabalhar em conjunto e que é legal. E hoje em dia é essa a prática que acontece aqui dentro do estabelecimento [referência à creche pública, da qual é diretora]. (Luciene)
>
> A gente percebeu que as angústias eram comuns, que os medos e as aflições também, e isso permitia o aprendizado de todos, não só entre os alunos de Pedagogia, mas *com* os alunos da Educação Física também. (Klalter, grifos nossos)

A percepção de sentimentos comuns durante o desenvolvimento da "atividade de aprendizagem" mobilizou várias estudantes a atuarem de forma solidária como coadjuvantes nos ensaios das aulas a serem realizadas no dia seguinte pelos colegas ou como auxiliares na realização das situações de ensino propostas às crianças. Outras, ainda, sob a orientação dos professores universitários, acompanharam as ações educativas dos colegas, como observadores, visando obter elementos para que a avaliação e o *re-planejamento* das mesmas fossem mais ricos. E, desse modo, criavam-se momentos de ensino, nos quais os estudantes pudessem apreender que estavam realizando uma "atividade coletiva", pois, embora o conteúdo escolar a ser ensinado, tanto pelos estudantes como pelos professores universitários, fosse diferente, havia objetivos comuns: a) a promoção da aprendizagem do ensino pelos estudantes universitários; b) a apropriação de conhecimentos sistematizados pelas disciplinas que cada grupo era responsável e, portanto, a ampliação do conhecimento das crianças. A ação individual dos estudantes e dos professores universitários implicava ação de todos, na

APRENDER A ENSINAR

mesma medida em que a ação de todos interferia, de modo particular, na atuação de cada um. (Makarenko, 1977 e Moura, 2000)

3.5 As interações entre estudantes e professores universitários

> A gente só cresce com o outro [...]. Se eu fizer um registro e guardar para mim eu não vou crescer! Agora se tu leres (pausa) pela capacidade intelectual que cada um tem, pelas leituras que tu já tiveste, tu vais amadurecendo a tua idéia! Tu vais descobrindo. O máximo da educação é isso! Eu cresci! Todo dia tu cresces! (Giuvana)

Pedagogia e Educação Física são duas áreas de conhecimento e dois campos de atuação distintos, não obstante co-habitarem o espaço escolar e contribuírem para a produção da "cultura da escola", não deixando de ser, ao mesmo tempo, produto dela. É importante que sejam configurados os contornos de uma e de outra para que, garantida a especificidade de cada uma, possa-se buscar a inter-relação entre ambas. Do mesmo modo, faz-se necessária a distinção entre elas para que não sejam diluídas e iludidas com o "canto da sereia" da interdisciplinaridade, tão propalada nos meios acadêmicos e no âmbito da política educacional das últimas décadas.[11]

Foi com o propósito de criar situações de ensino que propiciassem o acesso e a apropriação das contribuições próprias da Pedagogia e da Educação Física que os professores universitários organizaram suas "atividades de ensino". Importava aos professores universitários promover a aprendizagem dos estudantes, elevando-os da condição de "inexperientes", em que se encontrava a maioria, para a condição de sujeitos capazes de dar os primeiros e titubeantes passos como professores.

As aulas que antecederam os momentos de observação nos assentamentos e acampamentos eram realizadas separadamente, sendo reservado, em todos os semestres letivos, pelo menos um encontro de

---

11. Sobre a relação entre interdisciplinaridade e ensino, confira, em especial, Serrão (1994).

quatro horas-aula, para a apresentação dos componentes das turmas de cada curso, do plano de ensino de cada professor universitário, bem como para a distribuição de tarefas para viabilizar a ida às escolas. Nos assentamentos e acampamentos, as atividades eram sempre em conjunto.

Quando retornavam para a universidade, novamente ocorria a separação dos estudantes, cada grupo com seu professor. Mas havia a orientação para que procurassem viabilizar encontros entre si, especialmente entre aqueles que fossem atuar na mesma série nas escolas. Atender a essa orientação era muito difícil, dada à discrepância da disponibilidade de horários vagos entre eles. Contudo, o interesse pelas interações mobilizou o encontro de vários estudantes.

Retornando aos assentamentos e acampamentos, para desenvolverem os projetos de ensino, ocorriam diariamente reuniões pedagógicas com a participação dos estudantes que estavam atuando na mesma série e professores universitários. Ora com a presença dos dois professores universitários, ora com a presença de apenas um deles. Ora com a presença dos estudantes dos dois cursos, ora com a presença de cada um deles. Isso porque cada turma a cada novo semestre demandava arranjos pedagógicos próprios. Umas exigiam o acompanhamento dos professores mais de perto, outras nem tanto; dependia da relação estabelecida entre os envolvidos e das suas características (para a maioria era a primeira vez que vivia a condição de professor e isso demandava uma atenção especial; outros, no entanto, já eram professores, mas também exigiam atenção, porém de forma diferenciada). Mas, impreterivelmente, uma vez por semana havia um encontro com todos, estudantes e professores universitários. Era em um e em outro desses encontros que se buscava "afinar as violas", pela prática da avaliação, por meio da reflexão sobre o que foi previsto e o que foi realizado, e pelo inevitável replanejamento das aulas. Para Klalter,

> conversávamos tanto com a professora orientadora do estágio da pedagogia como com o professor orientador da educação física. Eram conversas mais direcionadas para o fazer pedagógico, para o planejamento que era desenvolvido, para as atividades elaboradas. Era uma orientação específica para a prática docente, focada no objeto do estágio, nos objetivos do projeto. Pois o projeto não era fechado, pronto, as ações não estavam previamente determinadas, pois a participação dos alunos era fundamental para a elaboração e reavaliação diária do processo.

APRENDER A ENSINAR

> [...] Os professores se colocavam como mediadores, pois a partir dos nossos relatos, da avaliação do estágio diário, as discussões norteavam a prática do dia seguinte, já que era impossível os professores observarem diariamente todas as estagiárias, pois eram muitas as escolas para percorrer num único dia.
>
> Nós conversávamos muito, todos os dias, [...] buscando sempre re-avaliar o processo, avaliando e refazendo o planejamento das aulas e as atividades. [...] Essa etapa foi fundamental, porque nós sentíamos essa necessidade de estar discutindo, de procurar fazer diferente, melhorando sempre. (Klalter)

Se para essa estudante, por exemplo, a referência de orientação eram os dois professores, para outras a referência era o respectivo de cada disciplina universitária. As interações com a professora do curso de Pedagogia foram as mais mencionadas pelas estudantes, as quais enfatizaram os procedimentos da primeira no que se referia à organização do ensino, à necessidade de clareza dos objetivos postos para cada atividade de ensino e ao incentivo nas novas formulações propostas.

Como foi evidenciado em textos elaborados logo após o exercício da prática de ensino, bem como nos depoimentos colhidos mais de três anos após esse mesmo exercício, há uma clara mescla de sabores ou uma alternância entre o gosto amargo e o doce sabor da "atividade de aprendizagem" das estudantes. Uma oscilação entre o medo do novo e o desejo de desafio: à noite, o cansaço na preparação das aulas e no dia seguinte a alegria de ensinar.

O tênue limiar entre o rigor e a rigidez balizava a prática pedagógica dos professores universitários, segundo o que foi revelado no conteúdo das entrevistas e textos elaborados pelas estudantes. O amálgama composto pela afetividade, compromisso político e ético com a formação universitária voltada ao ensino para as crianças conferia forma e conteúdo às interações estabelecidas. As oposições entre forma e conteúdo, processo e produto estão freqüentemente configurando as relações pedagógicas, com intensidades maiores ou menores, da educação infantil ao ensino superior. Contudo, ainda se constitui um desafio enfrentá-las. O exercício de superar essas oposições também se fez presente na singularidade de formação em tela. Em alguns momentos, a tensão foi mais forte do que em outros, ocasionando sentimentos e manifestações distintos, conforme o que foi produzido pelos sujeitos em interação.

As interações que as pessoas estabelecem entre si e com os objetos materiais e ideais, produtos histórico-culturais constituem-se em um dos aspectos mais importantes do processo de humanização. A apropriação da experiência humana pelas novas gerações só é possível por tais interações. Assim, a importância do "outro" assume um papel de suma importância nesse processo. Se, do ponto de vista da formação humana, em geral, há essa importância, na particularidade da educação escolar, as interações estabelecidas devem assumir igual valor. Para Vygotski (1990), o papel do "outro" mais experiente é fundamental para desencadear o desenvolvimento psíquico da criança.

Mas será pertinente a hipótese de que o processo de aprendizagem de adultos escolarizados em situações de formação de professores apresente algumas semelhanças com o processo de aprendizagem da criança, guardadas as especificidades de ambos?

Durante o exercício da prática de ensino, na referida formação universitária de professores, o "outro" parece ter contribuído para o próprio processo de aprendizagem das jovens estudantes de Pedagogia e para que estas pudessem compreender os elementos que organizaram o seu pensamento e sua ação.

A maneira como a disciplina "Prática de Ensino da Escola de Ensino Fundamental: Séries Iniciais" foi organizada proporcionou a criação e o desenvolvimento de situações de ensino permeadas por interações dessa natureza. As seguintes palavras de Giuvana são ilustrativas:

> É no estágio que a gente vai demonstrar se compreendeu ou não o que foi passado! E daí o que é que a gente tem? A gente tem aquela pressão de ter a professora ali, (risos) perguntando: Por que você fez aquilo? Mesmo que eu não soubesse o que é que eu estava te explicando (risos) eu tava ali tentando achar uma explicação para ti, mas eu tinha que achar essa explicação para mim mesma! E tu como professora, com o conhecimento, tinha que estar sabendo aonde você ia dizer para mim assim... "— Não Giuvana, tu não vai mais por esse caminho! Tu fazes aquilo, vamos tentar, vamos ver qual é o melhor caminho! Não deu? Vamos mudar! Vamos fazer de outro jeito! Tu só sabias dizer assim pelas informações que eu tava te dando! Porque tu me sentias assim, tu me viste na sala de aula, tu sabias o conhecimento que eu tinha da teoria. Por quê? Porque é escrito! Tu tinhas lido, tu sabias por onde é que eu estava caminhando. [Referên-

APRENDER A ENSINAR

cia ao registro escrito do planejamento e do referencial teórico no qual se balizava o planejamento] Tu tinhas a linha do meu pensamento, aí tu ias lá e via que eu fazia daquele jeito lá, aí depois ainda, tu vinhas e me perguntava, porque que eu fiz, já sabendo porque eu estava fazendo (risos).E era isso que a gente precisava! É isso que a gente precisa na escola! (Giuvana)

A frase final da estudante indica que a escola, entendida em sua conotação ampla, tem um papel a cumprir. Assim sendo, também no ensino universitário poder-se-ia ter mais presente que a aprendizagem de seus estudantes é um problema que lhe diz respeito e conseqüentemente merece a mesma atenção que é destinada à seleção e organização dos conteúdos programáticos, por exemplo.

Pode-se ainda inferir que a forma de organização das situações de ensino que foram desenvolvidas parece ter desencadeado uma "atividade" que tende a se aproximar das considerações de Markova (1987) a respeito da "atividade de estudo". Pode-se considerar que apresentam ao menos dois pontos semelhantes: a) a busca de formas de realização da tarefa de estudo, no caso, da tarefa de elaborar situações de ensino a serem desenvolvidas com as crianças nas referidas escolas rurais; b) as ações referentes à avaliação das crianças.

Essas ações, ou "componentes da atividade", como denominam Davidov e Markova (1987), exigiram um empenho individual e coletivo que parece ter gerado a apropriação de modos de ação generalizados (como o registro das observações; o planejamento dos projetos de ensino, a avaliação e o re-planejamento dos mesmos) que podem ser considerados, a um só tempo, "instrumentos psicológicos" e resultados do desenvolvimento cognitivo daqueles aprendizes da docência.

Durante o processo de formação inicial de professores, especificamente no decorrer do desenvolvimento dos projetos de ensino, pôdese constatar que os "motivos docente-cognoscitivos", como denomina Markova (1987, p. 174-5), foram constituídos e se evidenciaram nas ações realizadas de planejamento, avaliação e re-planejamento das situações de ensino propostas e desenvolvidas com as crianças, estudantes das séries iniciais das escolas rurais referidas.

Segundo Markova, podem ser considerados indicadores de "motivos docente-cognoscitivos" e critérios de sua formação.

O interesse pelo trabalho ativo com o material, por suas diversas transformações, pela determinação do procedimento deste trabalho; o desejo de voltar para a análise dos procedimentos do trabalho, inclusive no caso de que o professor não exija isto e, o fundamental, inclusive depois de obter o resultado correto.

O afã de confrontar vários procedimentos possíveis de obtenção de um resultado.

O interesse pelo procedimento de solução, inclusive no caso de que o desejo de obter mais rapidamente o resultado se desvie, se afaste da análise do procedimento de trabalho etc. (1987, p.174).[12]

Na condição de estudantes do curso de Pedagogia, apesar da diferença de idade entre elas, ao interagirem com pessoas, agricultores, professores e estudantes de escolas públicas rurais, vinculadas a um determinado movimento social, tais universitárias manifestaram diversos motivos para ações igualmente diferenciadas. Ações que, embora diferentes, compunham uma mesma "atividade": a "aprendizagem da prática de ensino".

Desse modo, além dos motivos já expostos, após o primeiro contato com a realidade na qual iriam interagir como aprendizes de professores, durante o desenvolvimento das ações relacionadas à elaboração, desenvolvimento, avaliação e re-planejamento dos projetos de ensino, as estudantes também manifestaram outros motivos que as mobilizavam. Buscavam ter o domínio dos conhecimentos necessários para exercer tal "atividade de aprendizagem". Conhecimentos relacionados aos próprios conteúdos escolares a serem ensinados e conhecimentos sobre as opções teórico-metodológicas como, por exemplo, aquelas relativas ao ensino da língua materna, ao processo de aprendizagem da criança e à organização do ensino. Segundo as estudantes,

---

12. Na versão em espanhol do original russo lê-se: "El interés por el trabajo activo con el material, por sus diversas transformaciones, por la determinación del procedimiento de este trabajo; el deseo de volver al análisis del procedimiento de trabajo, incluso en el caso de que el maestro no exija esto y, lo fundamental, incluso después de obtener el resultado correcto;

El afán de confrontar varios procedimientos posibles de obtención de un resultado;

El interés por el procedimiento de solución, incluso en el caso de que el deseo de obtener más rápidamente el resultado se desvíe, se aleje del análisis de procedimiento de trabajo etc". (1987, p. 174)

primeiro tu tem que ter o embasamento. Por exemplo, tu vai lá dar um conteúdo, tu planejou aquela aula, tem que saber tudo daquela aula, não tudo, porque ninguém sabe tudo, mas tu tem que saber o suficiente pra trabalhar aquele conteúdo e para trabalhar aquela aula. Se tu não tem a parte teórica, a fundamentação de qualquer coisa... tu tem que ter fundamentação. Não dá para chegar do nada e ... acho que isso foi importante. Eu aprendi muito, tive dificuldade, porque *solo* [assunto eleito conjuntamente com a professora da escola] é uma coisa que tu aprende na quarta série, tanto que eu tive que buscar e não foi suficiente, eu fui... eu falei daquela conversa que a gente teve aqui [com estudantes e professores do curso de Agronomia da UFSC] não foi suficiente. Eu fui aprender lá, eu fui pegar, fui procurar em livro, a gente ia para a biblioteca à noite, ficava lá com vela... (Suyana)

Eu já trabalhava há muito tempo[13], mas só depois... tendo a oportunidade de ter esse conhecimento da universidade, é que comecei a revolucionar isso! Comecei a olhar de outra maneira, a ser mais crítica, ser mais exigente, entendesse? [...] Eu acho que, na minha prática, a fundamentação teórica mudou. [...] Eu tinha aprendido, tinha ensinado de uma maneira e depois aprendi a ensinar de outra, por causa da fundamentação teórica. [...] Em nossa prática de ensino aprofundamos vários conhecimentos, sendo que um deles foi a prática de ensino utilizando a literatura infantil. Buscamos entender e compreender o universo da criança, respeitando a mesma por inteiro. [...] Eu fiz o magistério e fui entender e compreender as coisas, aprofundar meus conhecimentos, dentro de uma universidade. (Luciene)

[Na prática de ensino] eu comecei, eu me apaixonei por uma obra que eu sigo até hoje que é "A Formação Social da Mente" (risos), a questão do desenvolvimento, das aprendizagens e o desenvolvimento, a questão de não ver o sujeito como um sujeito acabado. E também pra mim foi muito bom, porque eu nunca me enxergo acabada, então é ótimo! (risos) [...] Foi um ano muito rico, pra questão do entendimento da infância, pro entendimento das várias infâncias. Mas, mesmo assim, o que ficou e que vai ficar assim, permanente, na questão profissional, foi o aprofundamento em Vigotski e aquela incorporação da epistemologia. (Risos) (Ângela)

Concordando com Markova (1987, p. 175), "o domínio dos procedimentos de trabalho deve relacionar-se com os problemas da orienta-

---

13. Esta pessoa, quando era estudante, em 1997, já lecionava na rede pública de ensino havia 15 anos.

ção profissional, com a assimilação dos procedimentos de estudo"[14] e, assim, acrescentaríamos, constituir-se em elementos de uma outra "atividade humana", no caso, a "atividade de ensino". Talvez por isso as estudantes foram tão enfáticas ao afirmarem: "é isso que a gente precisa na escola!"; "fui aprofundar meus conhecimentos na universidade"; "fui procurar em livro"; "eu me apaixonei por uma obra que sigo até hoje". Precisavam do acompanhamento pedagógico, da orientação na direção de que conhecimentos fossem apropriados e que cada um pudesse explicar sua própria prática, conferindo um sentido único, singular. Foram necessárias, portanto, situações de ensino que possibilitassem às estudantes perceberem e compreenderem a importância do "outro" nesse processo, chegando à generalização de que o que ocorria com cada uma constituía-se em um dos elementos próprios da "atividade de aprendizagem" do ensino.

No entanto, concordando com Vigotski, "embora o pensamento do adulto tenha acesso à formação de conceitos e opere com eles, ainda assim, nem de longe esse pensamento é inteiramente preenchido por tais operações." (2001, p. 217) No que se refere às estudantes, especialmente ao conteúdo de suas entrevistas, essa afirmação ganhou uma coloração especial, como se pôde ver até aqui e como poderá se constatar a seguir.

---

14. Na versão em espanhol do original russo lê-se: "el dominio de los procedimientos de trabajo debe relacionarse con los problemas de la orientación profesional, con la asimilación de los procedimientos de auto estudio". (1987, p. 175)

4
Atividade humana e educação*

> Na verdade, são poucos os que sabem da existência de um pequeno cérebro em cada um dos dedos da mão [...] O que no cérebro possa ser percebido como conhecimento [...] foram os dedos e seus pequenos cérebros que lho ensinaram. (Saramago, 2000, pp. 82-3)

4.1 Ser humano em atividade

Para abordar a "atividade humana em geral", conhecer o que é "atividade em geral" parece ser um começo promissor, visto que tal conceito pode oferecer importantes elementos analíticos, tais como os expostos a seguir.

A "atividade em geral", segundo Adolfo Sánchez Vázquez, é

> o ato ou conjunto de atos em virtude do qual um sujeito ativo (agente) modifica determinada matéria-prima.[1] Exatamente por sua generalida-

---

* Excertos do conteúdo deste capítulo, relativos à "atividade de aprendizagem" na formação universitária de professores, foram apresentados no XII ENDIPE — Encontro Nacional de Didática e Prática de Ensino, sob a forma de painel. (Cf. Serrão, 2004)

1. O autor, em nota de rodapé, esclarece que "atividade é aqui sinônimo de ação, entendida também como ato ou conjunto de atos que modificam uma matéria exterior ou que é imanente ao agente". (Sánchez Vázquez, 1977, p. 186)

de, essa caracterização da atividade não especifica o tipo de agente (físi-co, biológico ou humano) nem a natureza da matéria-prima sobre a qual atua (corpo físico, ser vivo, vivência psíquica, grupo, relação ou institui-ção social), bem como não determina a espécie de atos (físicos, psíquicos, sociais) que levam a certa transformação. (1977, p. 186)

Para se compreender a "atividade em geral" é fundamental, ain-da, considerar um outro elemento: o resultado ou produto. Um conjun-to de atos singulares articulados entre si, constituindo-se um todo, se realiza em decorrência de um processo desencadeado de objetivação de um produto, resultando na transformação do objeto, matéria-prima, originalmente tomado por tais atos.

Assim, a atividade em geral envolve processo, atos relacionados entre si, e produto ou resultado, transformação obtida.

Sánchez Vázquez (1977, pp. 186-7), ao considerar esse conceito de forma tão ampla, afirma que "atividade" está presente em diversos âmbitos, tais como: *físico* (referência ao que ocorre em reações físicas e químicas); *psíquico* (abrange atividades sensoriais, por exemplo, como as desencadeadas por seres humanos ou animais); *instintivo* (envolve a complexidade de atos, como, por exemplo, os requeridos na constru-ção de ninhos por determinados animais).

Entretanto, para se conceber uma "atividade" como propriamen-te humana, faz-se necessário recorrer ao que lhe é específico: a intencio-nalidade, o caráter intencional dos atos realizados pelos seres humanos. Só é possível identificar uma "atividade humana" "quando os atos di-rigidos a um objeto para transformá-lo se iniciam com um resultado ideal, ou finalidade, e terminam com um resultado ou produto efetivo, real". (Sánchez Vázquez, 1977, p. 187)

Segundo o autor, isso acontece por meio da atuação da consciên-cia, cujo duplo resultado, obtido em tempos diferentes, é a criação do ideal, da finalidade e o produto real — o que não significa que este últi-mo seja uma réplica de um protótipo ideal pré-existente. A "atividade humana" ocorre, ainda, pelas necessidades desencadeadas pela insa-tisfação do homem, na condição de gênero humano, com seu presente. "Se o homem vivesse em plena harmonia com a realidade, ou absolutamente conciliado com seu presente, não sentiria a necessidade de negá-los idealmente nem de configurar em sua consciência uma realidade ainda inexistente". (Sánchez Vázquez, 1977, p. 189)

A "atividade humana" caracterizada desse modo se realiza predominantemente e de forma geral pelo processo de trabalho.

Para Karl Marx, o processo de trabalho é

> atividade orientada a um fim para produzir valores de uso, apropriação do natural para satisfazer as necessidades humanas, condição universal do metabolismo do homem e a Natureza, condição natural eterna da vida humana e, *portanto, independente de qualquer forma dessa vida, sendo antes igualmente comum a todas as suas formas sociais.* (1985, p. 153, grifos nossos)

Nessa perspectiva, o homem produziu e ainda produz um duplo processo de transformação. Ao mesmo tempo em que realiza ações transformando elementos e objetos da natureza física em matérias-primas, meios, objetos e produtos do seu trabalho, transforma sua própria natureza inicial, cria inúmeras capacidades em si próprio, alterando substancialmente sua condição de ser vivo.

Mas para que "atividade humana" atingisse tal configuração foi preciso que o homem percorresse um longo caminho. Este, ao produzir sua existência, o fez e ainda o faz necessariamente estabelecendo relações com outros homens e com a natureza, da qual também é partícipe.

Ao produzirem sua própria existência, por intermédio da produção dos meios de subsistência e de produção, os homens se distanciaram dos outros animais. "Produzindo seus meios de vida, os homens produzem, indiretamente, sua própria vida material". (Marx, 1987, p. 27) Ao longo do desenvolvimento de sua espécie, se tornaram capazes de buscar formas de adaptação e transformação do meio-ambiente, possibilitando sua existência em diferentes condições e produzindo a si mesmos. Por meio desse processo, o homem pôde desenvolver ao mesmo tempo cada parte de seu organismo e a totalidade de seu ser. Uma parte importante de seu organismo desenvolvido nesse processo foi sua mão. Quando o homem conseguiu "liberar" as mãos, superando a condição destas de apoio para locomoção, elas adquiriram destreza impulsionando a conquista da postura ereta e ampliando os horizontes humanos.

Segundo Friedrich Engels (s.d.),

(...) a mão não é apenas o órgão do trabalho, é *também produto dele*. Unicamente pelo trabalho, pela adaptação a novas e novas funções, pela transmissão hereditária do aperfeiçoamento especial assim adquirido pelos músculos e ligamentos e, num período mais amplo, também pelos ossos; unicamente pela aplicação sempre renovada dessas habilidades transmitidas a funções novas e cada vez mais complexas foi que a mão do homem atingiu esse grau de perfeição que pôde dar vida, como por artes de magia, aos quadros de Rafael, às Estátuas de Thorwaldsen e à música de Paganini. (s.d., p. 270, grifos do autor)

A laringe é um outro órgão criado lentamente em decorrência das necessidades de comunicação dos humanos ao produzirem sua existência coletivamente. "Primeiro o trabalho, e depois dele e com ele a palavra articulada, foram os dois estímulos principais sob cuja influência o cérebro do macaco foi-se transformando gradualmente em cérebro humano — que, apesar de toda sua semelhança, supera-o consideravelmente em tamanho e perfeição". (Engels, s.d., p. 272)

Da criação dessa base material para a fala e desta para a criação de um sistema de signos, significados e sentidos da palavra, muito se passou. A linguagem acabou tomando formas específicas de representação da "atividade humana material externa", especialmente daqueles objetos produzidos pelo homem nesta "atividade", permitindo a antecipação ou mesmo recuperando aspectos dela. E, ao se realizar desse modo, a linguagem tornou-se instrumento simbólico, que possibilitou e vem possibilitando a sistematização das experiências adquiridas pela humanidade, desde as inscrições rupestres à informática. Assim, pela linguagem, instrumento simbólico e elemento mediador na "atividade humana material externa", o homem conquistou a capacidade de comunicação, de registro e sistematização da prática socialmente elaborada, contribuindo, deste modo, para o desenvolvimento da "atividade humana mental interna". Nesta perspectiva, a "atividade humana material externa", mediada pela linguagem, portanto, possibilitou e vem possibilitando o desenvolvimento das demais dimensões humanas, a memória, a vontade, as emoções, os motivos, o pensamento, enfim todos os elementos que configuram a personalidade humana.

Segundo Liev Semionovich Vigotski[2] (2001),

no princípio esteve a ação. A palavra constitui antes o fim que princípio do desenvolvimento. A palavra é fim que coroa a ação. (...) O traço distintivo da palavra é o reflexo generalizado da realidade. Com isto abordamos um aspecto na natureza da palavra, cujo significado ultrapassa os limites do pensamento como tal e em toda a sua plenitude só pode ser estudado em composição com uma questão mais genérica: a da palavra e a da consciência. Se a consciência, que sente e pensa, dispõe de diferentes modos de representação da realidade, estes representam igualmente diferentes tipos de compreensão da natureza da consciência humana. (...) [A palavra] é a expressão mais direta da natureza histórica da consciência. (p. 485-6)[3]

Neste mesmo sentido, ao se referir ao processo de tomada de consciência, decorrente da "atividade humana material externa", especificamente da possibilidade de produzir objetos materiais para a produção de sua existência, Alexei N. Leontiev (1983) afirma que,

para que este processo possa realizar-se, *o objeto deve apresentar-se ante o homem como o conteúdo psíquico impresso da atividade*, quer dizer, seu aspecto ideal. A distinção deste último, não pode, no entanto, ser compreendida se abstraindo das relações sociais que de modo necessário estabelecem os participantes no trabalho, da comunicação que entre si produz a linguagem, que serve para denotar o objeto, os meios e o próprio processo do trabalho. Os atos de significação não são outra coisa que atos de separação da parte ideal dos objetos, e a apropriação da linguagem por parte dos indivíduos é a apropriação do significado através da interiorização. (p. 23, grifos nossos.)[4]

---

2. Muitas são as formas de escrita do nome desse autor de origem russa, devido principalmente aos procedimentos de transliteração do alfabeto cirílico para o ocidental. Assim, neste texto será assumida a grafia utilizada nas recentes publicações desse autor traduzidas diretamente de sua língua natal para o português, ou seja, "Vigotski". Entretanto, quando se fizer necessária alguma referência bibliográfica desse autor em outra língua ou tradução de outra língua, manter-se-á a grafia que consta em tais publicações.

3. Sobre a importância da linguagem no desenvolvimento humano confira principalmente Vigotski (1999) e (2001), Vigotsky (1999) e Vuigotskij (1987).

4. Na versão em espanhol do original russo lê-se: "para que este proceso pueda realizarse, *el objeto debe presentarse ante el hombre como el contenido psíquico impreso de la actividad*, es decir, su

Diante destas palavras torna-se ainda mais evidente a importância da linguagem no processo de constituição humana. No entanto, o autor adverte que

> esta concepção, no entanto, de modo algum pode ser interpretada no sentido de que a consciência é engendrada pela língua. A língua não é seu demiurgo senão a forma de sua existência. Assim, as palavras, os signos lingüísticos, não são simplesmente os substitutos das coisas, substitutos convencionais.
>
> Atrás das acepções das palavras se esconde a prática social transformada e cristalizada em sua atividade, em cujo processo se abre ante o homem a realidade objetiva. (Leontiev, 1983, p. 23)[5]

No decorrer desse longo processo de constituição do ser humano, ao realizar sua "atividade material externa", o que aumentava sua distância com relação aos demais seres vivos, o cérebro humano foi redimensionando seu tamanho e suas funções, potencializando e diversificando a "atividade humana", que ganhava intencionalidade. A antecipação da ação prática no pensamento e sua organização segundo objetivos definidos previamente, isto é, as atitudes dos seres humanos diante das necessidades postas pela produção de sua existência, se tornaram capacidades humanas que atingiram e continuam a atingir complexidade crescente. O que era externo ao homem tornou-se também interno, constituindo-o. Assim, novamente conforme Engels, "graças à cooperação da mão, dos órgãos da linguagem e do cérebro, não só cada indivíduo, mas também na sociedade, os homens foram aprendendo a

---

aspecto ideal. La distinción de este último, no puede, sin embargo, comprenderse abstrayéndose de las relaciones sociales que de modo necesario establecen los participantes en el trabajo, de la comunicación que entre sí produce el lenguaje, que sirve para denotar el objeto, los medios y el propio proceso del trabajo. Los actos de significación no son otra cosa que actos de separación de la parte ideal de los objetos, y la apropiación por parte de los individuos del lenguaje es la apropiación del significado a través de la interiorización." (Leontiev, 1983, p. 23, grifos nossos)

5. Na versão em espanhol do original russo lê-se: "esta concepción, sin embargo, en modo alguno puede ser interpretada en el sentido de que la conciencia es engendrada por la lengua. La lengua no es su demiurgo sino la forma de su existencia. Así las palabras, los signos lingüísticos, no son simplemente los sustitutos de las cosas, sustitutos convencionales.

Tras las acepciones de las palabras se esconde la práctica social transformada y cristalizada en su actividad, en cuyo proceso se abre ante el hombre la realidad objetiva."

executar operações cada vez mais complexas, a propor-se e alcançar objetivos cada vez mais elevados". (s.d., p. 275)

Pode-se, assim, concordar com o autor quando considera o processo de trabalho como "a condição básica e fundamental de toda vida humana. E em tal grau que, até certo ponto, podemos afirmar que o trabalho criou o próprio homem". (Engels, s.d., p. 269)

Entretanto, o que inicialmente impulsionou a conformação do ser humano em determinado momento do desenvolvimento das forças produtivas vem se transformando em seu contrário. Com o advento da propriedade privada e, particularmente, da formação social capitalista, o "trabalho em geral", elemento constituído pelo e constitutivo do ser humano, transforma-se em elemento "destituidor" desse mesmo sujeito que o produziu. Sabe-se que o trabalho assalariado na sociedade capitalista ocorre necessariamente por uma relação de exploração social. Existe exploração do ponto de vista econômico nas relações sociais mediadas pela venda da força de trabalho. O "trabalho em geral" está subsumido pela relação social determinante que é a de produção de mais-valia e de capital, decorrente da venda da força de trabalho. Nesse processo se produz o fetiche da mercadoria, que está subsumido pelo fetiche do capital. Tal processo se traduz na constituição de "relações reificadas entre a pessoas e relações sociais entre as coisas". (Marx, 1985, p. 71)

Porém, antes mesmo dessa formulação mais complexa elaborada por meio de seus estudos na escrita de sua obra considerada principal, *O Capital*, Marx já advertia, nos *Manuscritos Econômicos e Filosóficos*, de 1844, que sob as condições acima mencionadas, "o homem torna-se cada vez mais pobre como homem". (1970, p. 127)

Fundamentando-se neste mesmo autor, Tumolo (2001) afirma que

no capitalismo a construção do gênero humano, por intermédio do trabalho, se dá pela sua destruição; sua emancipação se efetiva pela sua degradação, sua liberdade ocorre pela sua escravidão, a produção de sua vida se realiza pela produção de sua morte.[6] Na forma social do capital, a construção do ser humano, por meio do trabalho, se processa pela sua

---

6. Por outro lado, supõe-se, em suma, que a produção de sua morte possibilita a produção de sua vida.

niilização, a afirmação de sua condição de sujeito se realiza pela negação desta mesma condição, sua *hominização* se produz pela produção de sua reificação. (Tumolo, 2001, p. 15-16)[7]

Diante dessas nefastas conseqüências do capitalismo, o próprio Marx, em sua juventude e posteriormente, ressalta a necessidade de uma ação transformadora revolucionária do homem, considerando que no mesmo sentido em que um determinado elemento impede o desenvolvimento pode, ele mesmo, gerar seu contrário, ou seja, sua superação. Assim ocorre com a propriedade privada, base do cerceamento do desenvolvimento do homem como ser humano. Este elemento de conformação, especialmente do capitalismo, vem gerando contradições sociais que podem mobilizar este mesmo homem a realizar a "negação da negação" de sua condição humana. Segundo Marx, "o comunismo é a posição como negação da negação, por isto o momento *efetivamente real*; necessário para o desenvolvimento histórico seguinte, da emancipação e recuperação humanas". (1983, p. 181, grifos do autor)

Enfatizando e, mais uma vez, recorrendo às palavras de Marx,

o *comunismo* como superação *positiva* da *propriedade privada*, enquanto *auto-alienação humana* e por isto como *apropriação* efetivamente real da essência *humana* pelo e para o homem; por isto como retorno completo, que veio a ser conscientemente[8] e dentro de toda a riqueza do desenvolvimento até aqui, do homem para si como um homem *social*, isto é, humano. Este comunismo é como naturalismo acabado = humanismo, como humanismo acabado = naturalismo, é a *verdadeira* resolução[9] do antagonismo do homem com a natureza e com o homem, a resolução verdadeira da luta entre existência e essência, entre objetivação e auto-afirmação, entre liberdade e necessidade,[10] entre indivíduo e gênero. Ele é o enigma

---

7. Sobre a conformação dessa contraditória configuração do trabalho no modo capitalista de produção contemporâneo, confira também Tumolo (2000).

8. O tradutor apresenta a seguinte nota para esclarecimentos: "A expressão 'bewusst...geworden' também admite a tradução 'veio a ser (ou: se tornou) consciente'. Aqui o verbo 'werden', traduzido por 'vir a ser', se aproxima do significado de 'constituir-se', a passagem ficando então 'que se constituiu conscientemente etc.'. Cf. notas 101, 138, 145 e 147".

9. O tradutor apresenta outra nota para esclarecimentos: "'Auflösung' significa tanto 'resolução' (no sentido de 'solução', por exemplo, de um problema) quanto 'dissolução'".

10. Outra nota de esclarecimento do tradutor: "'Notwendigkeit', ou seja, 'necessidade' no sentido lógico e/ou ontológico. Para diferenciar de 'Bedürfnis' cf. nota 35".

da história resolvido e se sabe como esta solução. (Marx, 1983, 168-9, grifos do autor).

Se Marx afirma a existência da possibilidade da condição humana em suas múltiplas dimensões, pode-se inferir que o que foi mencionado anteriormente, sobre a constituição do ser humano, refere-se não só a um episódio filogenético, mas também a um fato ontogenético. Existiu um momento tanto na ontogênese como na filogênese humana que afirmou a dimensão do ser humano. Da mesma forma que também surgiu e continua existindo a sua negação. Assim faz-se premente a "negação da negação", portanto a afirmação da condição humana.

O desafio está posto. A necessidade de uma ação revolucionária parece ser o horizonte para (re)conquista da condição de ser humano em um *continuum* de humanização.

Para construir esta possibilidade, concordando com Lênin (1982, p. 96), não há prática revolucionária sem teoria revolucionária e, portanto, uma das tarefas diante deste desafio é apropriar-se da experiência socialmente elaborada e produzir as condições necessárias para a superação desta realidade que produz o ser humano desumanizando-o.

Cabe particularmente aos pesquisadores em educação uma das tarefas mais exigentes, dado que são os responsáveis, em grande medida, por apresentar elementos para a implantação e implementação de políticas educacionais que podem tanto privar como ampliar o acesso aos instrumentos simbólicos fundamentais para a compreensão da realidade social.

Assim, prosseguir o estudo sobre a "atividade humana", em especial sua relação com a educação escolar e suas contribuições para a formação do ser humano, pode ser apenas um dos pequenos passos a serem dados na direção de criar as condições para a elaboração e o exercício da prática social transformadora.

4.2 Aspectos da abordagem da "atividade humana" sob o enfoque da Psicologia Histórico-Cultural

Antes mesmo da difusão do pensamento de Karl Marx e há mais de cento e trinta anos dos dias atuais, a humanidade, contraditoriamente vivendo sua *desumanização*, buscou enfrentar o desafio de superação dessa condição e viabilizou uma possibilidade histórica: a Comuna de Paris, em 1871. Em apenas alguns meses pôde-se experimentar essa "negação da negação", apesar dos inúmeros limites enfrentados.[11]

Persistindo e incorporando as importantes contribuições históricas decorrentes desse fato, a humanidade construiu uma outra tentativa de consolidação das condições histórico-concretas desses propósitos de emancipação humana, resultado de um longo processo revolucionário que culminou na tomada do poder pelos trabalhadores, na Rússia, em 1917, criando a União das Repúblicas Socialistas Soviéticas — URSS. Tal processo revolucionário orientou-se pelos ideais e pelas idéias de Marx, Engels e, posteriormente, de Lênin, Trotsky e outros bolcheviques. Contudo, ao longo do século XX sofreu importantes e profundas contradições até sua dissolução.[12]

Após a Segunda Grande Guerra, outras experiências na mesma direção e com características específicas e distintas entre si ocorreram no Leste Europeu, na China e em alguns outros países asiáticos e africanos, bem como em Cuba.

Tais informações podem parecer supérfluas. Porém, desde aquele período histórico, iniciado no princípio do século XX, em diversos lugares do mundo vive-se a utopia da busca da consolidação das condições histórico-concretas que viabilizem a omnilateralidade humana.

E é neste contexto, mais precisamente na realidade soviética dos anos 1920, que Vigotski, considerado o criador da Psicologia Histórico-Cultural, produz seus estudos acerca do desenvolvimento humano e defende a necessidade de a Psicologia, que segundo a sua ótica vivia uma crise metodológica, escrever seu *O Capital*, uma alusão à obra de Marx.

Entretanto, movido pelo rigor, Vigotski, em seu artigo "El significado histórico de la crisis de la psicología", publicado em 1927, alerta que

---

11. Sobre a história e a atualidade deste importante fato social, vale conferir especialmente Engels (s.d.), Marx (s.d.), González (1981); Costa (1991); Lissagaray (1991) e Orso; Lerner e Barsotti (2002).

12. A produção sobre o processo revolucionário soviético é muito vasta; sendo assim, confira, em particular, Trotsky (1980); Carr (1981); Serge (1993); Ferro (1974); Reed (1978); Reis Filho (1983 e 1987), autores que tecem suas compreensões acerca do fenômeno a partir de diferentes tempos e lugares históricos.

APRENDER A ENSINAR   97

a aplicação *direta* da teoria do *materialismo dialético* às questões das ciências naturais, e em particular ao grupo das ciências biológicas ou à psicologia é *impossível*, como *o é* aplicá-la diretamente à história e à sociologia. Há entre nós quem pensa que o problema da "psicologia e o marxismo" se limita a criar uma psicologia que responda ao marxismo, mas o problema é, de fato, muito mais complexo. De igual maneira que a história, a sociologia necessita uma *teoria especial* intermédia do materialismo histórico, que esclareça o valor *concreto* das leis *abstratas* do materialismo dialético para o grupo de fenômenos de que se ocupa. E igualmente necessária é a ainda não criada, mas inevitável, teoria do marxismo biológico e do materialismo psicológico, como ciência intermédia, que explique a aplicação concreta dos princípios abstratos do materialismo dialético ao grupo de fenômenos que trabalha.

A dialética abarca a natureza, o pensamento, a história: é a ciência mais geral, universal até o máximo. Essa teoria do materialismo psicológico ou dialética da psicologia é o que eu considero psicologia geral.

Para criar estas teorias intermediárias — ou metodologias, ou ciências gerais — será necessário desvelar a *essência* do grupo de fenômenos correspondentes, as leis sobre suas variações, suas características qualitativas e quantitativas, sua causalidade, criar as categorias e conceitos que lhes são próprios, criar *seu* "O Capital". [...] A psicologia necessita seu "O Capital" — seus conceitos de classe, base, valor etc. —, no qual possa expressar, descrever e estudar seu objeto. (Vygotski, 1990, p. 389, grifos do autor).[13]

---

13. Na versão em espanhol do original russo lê-se: "la aplicación *directa* de la teoría del *materialismo dialéctico* a las cuestiones de las ciencias naturales, y en particular al grupo de las ciencias biológicas o a la psicología es *imposible*, como *lo es* aplicarla directamente a la historia y a la sociología. Hay ente nosotros quien piensa que el problema de "la psicología y el marxismo" se limita a crear una psicología que responda al marxismo, pero el problema es, de hecho, mucho más complejo. De igual manera que la historia, la sociología necesita una *teoría especial* intermedia del materialismo histórico, que esclarezca el valor *concreto* de las leyes *abstractas* del materialismo dialéctico para el grupo de fenómenos de que se ocupa. Y exactamente igual de necesaria es la aún no creada, pero inevitable, teoría del marxismo biológico y del materialismo psicológico, como ciencia intermedia, que explique la aplicación concreta de los principios abstractos del materialismo dialéctico al grupo de fenómenos que trabaja.

La dialéctica abarca la naturaleza, el pensamiento, la historia: es la ciencia más general, universal hasta el máximo. Esa teoría del materialismo psicológico o dialéctica de la psicología es a lo que yo considero psicología general.

Para crear estas teorías intermedias — o metodologías, o ciencias generales — será necesario desvelar la *esencia* del grupo de fenómenos correspondientes, las leyes sobre sus variaciones,

Assim, com este propósito, e compreendendo a "consciência" como o objeto da Psicologia, Vigotski aprofunda o diálogo crítico que vinha estabelecendo com os expoentes desse campo de investigações, tanto com os de outras nacionalidades quanto com os de seu próprio país, processo iniciado em seus artigos "La conciencia como problema de la psicología del comportamiento" e "Metodologia de investigación en reflexiología y psicología", publicados em 1925 e 1926, respectivamente.

Tal concepção de Vigotski contrapunha-se à compreensão vigente naquele período, que tinha a existência e essência da consciência como eixo do debate.

Segundo os pesquisadores russos Davydov e Radzikhovshii (1988, p. 46), para Vigotski "pode-se estudar a essência da consciência somente quando a consciência aparecer como uma função. É impossível estudar a essência da consciência se a própria consciência surge como um princípio explicativo".[14] Prosseguindo, tais autores também consideram que, ainda segundo Vigotski, esse foi o grande "erro metodológico das abordagens tradicionais empírico-subjetivas da consciência": compreender a consciência pela própria consciência. Assim, segundo um outro pesquisador russo, Alex Kozulin (2002), Vigotski sugere que o princípio explicativo geral da consciência deveria ser a "atividade humana" (*Deyatel'nost'*, em russo; *Tätigkeit*, em alemão).[15]

---

sus características cualitativas y cuantitativas, su causalidad, crear las categorías y conceptos que les son propios, crear *su* "El Capital". [...] La psicología necesita su "El Capital" — sus conceptos de clase, base, valor etc. —, en los que pueda expresar, describir y estudiar su objeto". (1990, p. 389, grifos do autor)

14. Na referência em inglês consta: "one can study the essence of consciousness only when consciousness appears as a function. It is impossible to study the essence of consciousness if consciousness itself emerges as an explanatory principle". (Davydov e Radzikhovskii, 1988, p. 46).

15. Em seu estudo sobre o conceito de atividade na Psicologia Soviética, Kozulin (2002) traz elementos que elucidam a história desse conceito, evidenciando o lugar de destaque que tal conceito ocupou nas produções dos diversos autores vinculados a essa abordagem. O autor analisa metamorfoses sofridas pelo conceito desde os anos 1920 até os dias atuais. Kozulin ainda afirma que o conceito de atividade forjado na teoria inicialmente formulada por Vigotski assume um papel diferente daquele que, posteriormente, ocuparia nos trabalhos do grupo de Kharkov, liderado por Alexei N. Leontiev. E, segundo o autor, o ponto principal de diferenciação seria a importância atribuída por Vigotski aos signos (elementos próprios da atividade humana em geral) na constituição e desenvolvimento da consciência. Considerando os limi-

APRENDER A ENSINAR   99

Durante toda a década seguinte, Vigotski traz sua contribuição ao formular o construto teórico-metodológico para o entendimento do desenvolvimento humano na perspectiva do materialismo histórico-dialético. Especialmente em *História del desarrollo de las funciones psíquicas superiores*, escrito entre 1930 e 1931, o autor, ao recuperar as diferentes abordagens sobre a "conduta humana", tece os princípios do que denominou de "novo método". As palavras a seguir denotam a síntese de seu percurso investigativo, como se pode constatar:

> Começamos nossa investigação com a análise psicológica de várias formas de conduta que seguramente não são freqüentes na vida cotidiana e que, portanto, são conhecidas de todos, mas que, ao mesmo tempo, resultam em alto grau formações históricas complexas das épocas mais antigas no desenvolvimento psicológico do homem. Estes procedimentos ou modos de conduta surgem estereotipadamente em determinadas situações, reapresentam formas psicológicas fossilizadas, cristalizadas, que surgiram em tempos muito remotos nos escalões mais primitivos do desenvolvimento cultural do ser humano e que, de maneira assombrosa, têm se conservado como supervivências históricas fósseis e, ao mesmo tempo, vivas na conduta do homem contemporâneo. (Vuigotsky, 1987, p. 69)[16]

Desse modo, norteando-se pelos princípios do materialismo histórico-dialético, Vigotski vai buscar na apreensão do movimento histórico da humanidade a origem do comportamento contemporâneo do ser humano. E prossegue enfatizando a importância basilar que a criação e utilização de instrumentos na "atividade vital humana" significou para a constituição e desenvolvimento da mente humana, que também se-

---

tes impostos pelo presente texto, sugere-se, para maior detalhamento da posição de Kozulin, a leitura do referido artigo.

16. Na versão em espanhol do original russo lê-se: "Comenzamos nuestra investigación con el análisis psicológico de varias formas de conducta, que es cierto que las encontramos con no poca frecuencia en la vida cotidiana y que, por lo tanto, son conocidas de todos, pero que, al mismo tiempo, resultan en alto grado formaciones históricas complejas de las épocas más antiguas en el desarrollo psicológico del hombre. Estos procedimientos o modos de conducta surgen estereotipadamente en determinadas situaciones, representan formas psicológicas fosilizadas, cristalizadas, que surgieron en tiempos muy remotos en los escalones más primitivos del desarrollo cultural del ser humano y que, de manera asombrosa, se han conservado como supervivencias históricas fósiles y, al mismo tiempo, vivas en la conducta del hombre contemporáneo". (Vuigotskij, 1987, pp. 89 e 92).

gundo sua ótica está em movimento, em "atividade interna". Portanto, para o autor,

> a criação e a utilização de estímulos artificiais, na qualidade de meios auxiliares para dominar as próprias reações, são o que constitui a base daquela nova forma de determinação do atuar, que faz diferir a conduta superior da elementar. A presença, junto aos estímulos *dados*, dos estímulos *criados*, é, a nossos olhos, a diferença da psicologia do homem. [...]
>
> O homem introduz estímulos arbitrários, provê de signos a conduta e, com ajuda deles cria, atuando a partir de fora, novos enlaces no cérebro. Junto com esta premissa introduzimos, em nossa investigação, a maneira de suposição, um novo princípio regulador do comportamento, uma nova concepção sobre a determinabilidade das reações do homem. Este é o princípio da "signação", que consiste em que o homem, desde fora, cria enlaces no cérebro, dirige o cérebro e, através dele, seu próprio corpo. (Vuigotskij, 1987, pp. 89 e 92, grifos do autor).[17]

Se Vigotski concluísse sua teoria neste ponto, aparentemente poder-se-ia inferir que ele apenas havia invertido os elementos de uma das concepções vigentes em seu período histórico, aquela que compreendia a determinação do comportamento pelas funções internas formadas *a priori* no cérebro humano. Ou então, poder-se-ia concluir que ele trouxe mais argumentos para as explicações denominadas "condutivistas" ou "comportamentalistas" vinculadas ao binômio estímulo-resposta. No entanto, Vigotski foi além e explorou ainda mais seu campo de investigação, chegando à elaboração de um dos conceitos principais em sua formulação: o *signo*.

---

17. Na versão em espanhol do original russo lê-se: "la creación y la utilización de estímulos artificiales, en calidad de medios auxiliares para dominar las propias reacciones, son lo que constituye la base de aquella nueva forma de determinación del actuar, que hace diferir la conducta superior de la elemental. La presencia, junto a los estímulos *dados*, de los estímulos *creados*, es, a nuestros ojos, la diferencia de la psicología del hombre. [...]

El hombre introduce estímulos arbitrarios, provee de signos la conducta y, con ayuda de ellos crea, actuando desde fuera, nuevos enlaces en el cerebro. Junto con esta premisa introducimos, en nuestra investigación, a manera de suposición, un nuevo principio regulativo del comportamiento, una nueva concepción sobre la determinabilidad de las reacciones del hombre. Este es el principio de la "signación", que consiste en que el hombre, desde fuera, crea enlaces en el cerebro, dirige el cerebro y, a través de él, su propio cuerpo". (Vuigotskij, 1987, pp. 89 e 92, grifos do autor).

Os *signos*, define o autor, são

estímulos-instrumentos convencionais, introduzidos pelo homem na situação psicológica e que cumprem a função de auto-estimulação, dando ao termo *signo* um sentido mais amplo e, ao mesmo tempo, mais preciso, que seu uso habitual. Segundo nossa definição, qualquer estímulo condicional (criado artificialmente pelo homem), que seja veículo para o domínio da conduta, alheia ou própria, é signo. Portanto, há 2 momentos essenciais para o conceito de signo: sua origem e sua função. (Vuigotskij, 1987, p. 90, grifo do autor.)[18]

Persistindo no seu esforço metodológico que enfatiza a necessidade de compreensão da consciência, em seu movimento, ou seja, "quando esta aparece como função", conforme mencionado anteriormente, Vigotski elabora a seguinte abordagem relacionada ao signo:

a invenção e o uso de signos na qualidade de meios auxiliares para solucionar qualquer tarefa psicológica, apresentada ao homem (recordar, comparar, comunicar, decidir e outras), representa, a partir do aspecto psicológico, que há uma analogia num ponto com a invenção e o uso de instrumentos. Consideramos que a característica essencial dos 2 conceitos que temos aproximado é *o papel destas adaptações na conduta*, análogo ao papel do instrumento na operação laboral ou, o que é o mesmo, a função instrumental do signo. Aqui temos em conta a função de estímulo-instrumento que o signo cumpre em relação com qualquer operação psicológica, ou seja, o signo resulta num instrumento da atividade do homem.

Neste sentido, apoiando-nos no significado figurado e arbitrário do termo, falamos quase sempre do instrumento, quando temos em conta a função mediadora de qualquer coisa ou meio de qualquer atividade. (Vuigotskij, 1987, p. 99-100, grifos do autor)[19]

---

18. Na versão em espanhol do original russo lê-se: "estímulos-instrumentos convencionales, introducidos por el hombre en la situación psicológica y que cumplen la función de autoestimulación, dándolo al término *signo* un sentido más amplio y, al mismo tiempo, mas preciso, que su uso habitual. Según nuestra definición, cualquier estímulo condicional (creado artificialmente por hombre), que sea un vehículo para el dominio de la conducta, ajena o propia, es signo. Por lo tanto, hay 2 momentos esenciales para el concepto de signo: su origen y su función". (Vuigotskij, 1987, p. 90, grifo do autor)

19. Na versão em espanhol do original russo lê-se: "la invención y el uso de signos en calidad de medios auxiliares para solucionar cualquier tarea psicológica, aparecida ante el

É esta função mediadora que o instrumento assume na "atividade humana material externa" que permite a "tessitura" da analogia ao signo em sua função na "atividade mental interna" do ser humano. A relação de interdependência entre esses dois conceitos levou Vigotski a concebê-los como conceitos subordinados a um outro conceito de extensão mais ampla: o conceito de "atividade mediadora".

Cabe ressaltar que Vigotski também adverte sobre as diferenças fundamentais entre o *instrumento* e o *signo*.

Do ponto de vista lógico, o movimento de ambos na "atividade mediadora" tem direções opostas. O *instrumento* está voltado ao meio externo. O homem utiliza-o em suas interações com a natureza e o dirige ao exterior, ao próprio objeto de sua atividade. Já o *signo* assume um sentido contrário, ou seja, "de dentro", pois é "um meio da atividade interna, dirigido ao domínio do próprio homem".[20] Por isso, sendo um veículo da "ação psicológica" não pode modificar nenhum objeto desta mesma "ação psicológica". (Cf. Vuigotskij, 1987, p. 103)

Nesta perspectiva analítica, é possível afirmar que por meio da "atividade mediadora", que subsume a utilização de instrumentos e de signos por parte do homem, pode-se explicar a formação das funções psíquicas superiores, à medida que

> a utilização de meios auxiliares, em direção à atividade mediadora, reestrutura em sua raiz toda a operação psíquica, analogamente ao modo pelo qual a utilização de instrumentos modifica a atividade natural dos órgãos e amplia, até o infinito, o sistema de ativação das funções psíqui-

---

hombre (recordar, comparar, comunicar, decidir y otras), representa, desde el aspecto psicológico, que hay una analogía en un punto con la invención y el uso de instrumentos. Consideramos que la característica esencial de los 2 conceptos que hemos aproximado es *el papel de estas adaptaciones en la conducta*, análogo al papel del instrumento en la operación laboral o, lo que es lo mismo, la función instrumental del signo. Aquí tenemos en cuenta la función de estímulo-instrumento que cumple el signo en relación con cualquier operación psicológica, es decir, que el signo resulta ser un instrumento de la actividad del hombre.

En este sentido, apoyándonos en el significado figurado y arbitrario del término, hablamos casi siempre del instrumento, cuando tenemos en cuenta la función mediatizadora de cualquier cosa o medio de cualquier actividad". (Vuigotskij, 1987, pp. 99-100, grifos do autor)

20. Na versão em espanhol do original russo lê-se: "un medio de la actividad interna, dirigido al dominio del propio hombre". (Vuigotskij, 1987, p. 103)

APRENDER A ENSINAR

cas. Denominamos uma e outra coisa com o termo *função psíquica superior ou conduta superior*. (Vuigotskij, 1987, p. 103, grifos do autor)[21]

A "atividade mediadora" é a condição da produção da própria existência do homem, uma vez que viabiliza a satisfação de suas necessidades como gênero humano, e, por conseguinte, propicia a produção de cultura. Neste sentido, é no âmbito histórico-cultural, que está a origem do desenvolvimento humano, principalmente do processo de formação das funções psíquicas superiores.

Portanto, pode-se concluir, com as palavras do próprio Vigotski, que

[...] todas as funções superiores vêm se constituindo não na biologia, não na história da pura filogênese, já que o próprio mecanismo, que se encontra na base das funções psíquicas superiores, constitui relações interiorizadas de ordem social, as quais são a base da estrutura social da personalidade. Sua composição, a estrutura genética, o modo de ação, numa palavra, toda sua natureza, é social; inclusive, ao converter-se em processo psíquico, permanece sendo quase social. O homem, a sós consigo mesmo, segue funcionando em comunhão. (Vuigotskij, 1987, p. 162)[22]

Desse modo, torna-se evidente a importância da "atividade mediadora", e a atuação dos signos, como "instrumentos psicológicos", no desenvolvimento das funções psíquicas superiores, porque o homem consigo mesmo está em diálogo com a cultura, produto e processo da sua constituição como ser humano. Segundo os pesquisadores russos

---

21. Na versão em espanhol do original russo lê-se: "la utilización de medios auxiliares, en el tránsito hacia la actividad mediatizadora, reestructura en su raíz toda la operación psíquica, análogamente a como la utilización de instrumentos modifica la actividad natural de los órganos y amplía, hasta el infinito, el sistema de activación de las funciones psíquicas. A una y otra cosa las denominamos con el término *función psíquica superior o conducta superior*". (Vuigotskij, 1987, p. 103, grifos do autor)

22. Na versão em espanhol do original russo lê-se: "todas las funciones superiores se han ido constituyendo no en la biología, no en la historia de la pura filogénesis, sino que el propio mecanismo, que se encuentra en la base de las funciones psíquicas superiores constituye relaciones interiorizadas de orden social, que ellas son la base de la estructura social de la personalidad. Su composición, la estructura genética, el modo de acción, en una palabra, toda su naturaleza, es social; incluso, al convertirse en proceso psíquico, permanece siendo casi social. El hombre, a solas consigo mismo, sigue funcionando en comunión". (Vuigotskij, 1987, p. 162)

Davydov e Zinchenko, "a incorporação de signos na estrutura de uma função mental (mediação pelos signos) vincula essa função à cultura". Assim, prosseguem os autores, "para Vygotsky, a determinação da consciência individual segue este esquema: atividade social externa — cultura-signos-atividade individual — consciência". (2001, p. 163)

Por fim, importa ressaltar que do presente exercício introdutório de elucidação de alguns dos aspectos da complexa e ampla obra de Vigotski, sem a clara pretensão de esgotá-los, pode-se depreender elementos que levam, mais uma vez, a concordar com Davydov e Radzikhovshii (1988), quando afirmam que Vigotski é o precursor da chamada "abordagem da atividade na Psicologia" ou do que posteriormente tornou-se conhecido como "teoria psicológica da atividade".

Anos antes da morte de Vigotski, ocorrida em 1934, o jovem Alexei N. Leontiev, com apenas 21 anos de idade e um ano após ter conhecido Alexandr R. Luriá,[23] conhece seu mestre. Ambos, Luriá e Leontiev, tornam-se discípulos e companheiros de Vigotski, formando a conhecida "troika da psicologia".[24] Nestes mesmos anos 1930, Leontiev muda-se de Moscou para Khark'Kov e intensifica, com seus colaboradores, especialmente Zaporoyetz, Galperin, Bozhóvich, as investigações na direção anteriormente assumida: o estudo da "atividade humana", sua estrutura psicológica e a utilização de instrumentos pelo homem. Assim, é nesse período e com esse grupo de colaboradores que as bases da chamada "Teoria da Atividade" são construídas. (Cf. Golder, 2002, p. 47)

A ênfase dos estudos psicológicos de Leontiev encontra-se, portanto, na "atividade humana", ou seja, na atuação do ser humano, orientada para determinados fins, mediada por seres humanos e por instrumentos e voltada a seus objetos. Segundo Leontiev, "a atividade é a unidade não aditiva, molar da vida, para o sujeito material e corporal. (...) A atividade não é uma reação ou um agregado de reações, mas um

---

23. Considerando a pronúncia do nome desse autor em seu idioma original, escreveremos seu nome desse modo e quando houver referência bibliográfica a alguma de suas obras escrevemos da forma que constar na respectiva publicação.

24. Apesar de ser conhecida a polêmica sobre divergências e convergências das produções desses três grandes autores, concordando com Golder (2002), não se pode colocar em dúvida a existência da "troika".

APRENDER A ENSINAR

sistema que possui estrutura, transformações internas e desenvolvimento próprios".[25] (1979, p. 46) Vista sob essa ótica, a "atividade" passa a ser a categoria central, a unidade de análise da formulação teórica do autor.

Em suas pesquisas iniciais, Leontiev investigou a formação dos processos psicológicos superiores, em especial a memória e a atenção. Posteriormente, dedicou-se a compreender os elementos constitutivos da configuração da "atividade", contribuição teórico-metodológica mais conhecida.

Toda a "atividade humana", para Leontiev, origina-se de necessidades materiais e ideais impostas ao ser humano em sua existência. Isto confere à necessidade o caráter de ser a condição primeira da atividade. "Todavia, em si, a necessidade não pode determinar a orientação concreta de uma actividade, pois é apenas no objecto da atividade que ela encontra a sua determinação: deve, por assim dizer, encontrar-se nele". (1978, p. 108)

Segundo Leontiev, as necessidades possuem diversas características. A primeira delas é que toda necessidade tem um objetivo, um fim. A segunda "consiste em que toda necessidade adquire um conteúdo concreto segundo as condições e a maneira como se a satisfaz". (1969, p. 342) O terceiro traço característico da necessidade refere-se a sua capacidade de se repetir em situações diversas e em diferentes momentos da vida dos indivíduos. Por fim, a quarta característica diz respeito ao seu desenvolvimento, ou seja, toda necessidade se desenvolve na medida em que "se amplia o círculo de objetos e de meios para satisfazê-la". (1969, p. 343)

As necessidades podem ser naturais e/ou superiores. As naturais estão presentes em todas as espécies animais e têm uma base notavelmente biológica. Mas somente no gênero humano são encontradas necessidades de caráter social, as consideradas por Leontiev (1969) como superiores. Estas, conforme o autor, podem ser classificadas como *necessidades materiais superiores e necessidades funcionais superiores*. As primeiras estão relacionadas às carências de instrumentos e objetos no

---

25. Na referência bibliográfica em inglês consta: "Activity is the nonadditive, molar unit of life for material, corporeal subject. (...) Activity is not a reaction or aggregate of reactions, but a system with its own structure, its own internal transformations, and its own development". (1979, p. 46)

desenvolvimento da atividade vital humana. As segundas, intrinsecamente vinculadas com as primeiras, referem-se aos próprios processos de desenvolvimento da atividade vital humana, como o trabalho, as interações estabelecidas entre os membros de uma coletividade etc. Decorrentes dessas encontram-se, ainda, e principalmente, as *necessidades espirituais*, relacionadas à produção de objetos ideais, culturais, como a arte, o conhecimento e suas respectivas materializações em obras, livros etc.

Assim, pode-se concluir que um mesmo objeto pode plasmar diferentes necessidades, da mesma forma que uma mesma necessidade pode cristalizar-se em diferentes objetos. Além disso, as necessidades humanas estão conformadas às condições sócio-históricas da produção da existência humana em toda sua dimensão, portanto, se modificam, adquirem novas relações entre si, ao longo do tempo, conforme o lugar e a modo pelo qual os seres humanos se relacionam neste processo que, por sua vez, também vem se alterando historicamente.

O ser humano se fez como tal ao desencadear ações para superar as necessidades vitais. Com o incremento dos modos de produção e o desenvolvimento das forças produtivas, esta relação se inverteu, o homem passou a satisfazer suas necessidades vitais para atuar. (Leontiev, 1983, p. 160)

As necessidades se manifestam em desejos e tendências, mas, segundo Leontiev (1983), é preciso que haja condições determinadas para que estes se concretizem e se direcionem a um fim, um objetivo que estimule a pessoa a agir numa direção específica.

Prosseguindo as investigações iniciadas por Leontiev, a pesquisadora russa Bozhóvich estudou as forças impulsoras da conduta humana, realizando a análise de um modo criativo. Conforme compreende a autora, a necessidade é a

> demanda do indivíduo, refletida em forma de vivência (não obrigatoriamente compreensão), daquilo que é indispensável para manter seu organismo e desenvolver sua personalidade. Diferentemente de Leontiev, supomos que a necessidade impulsiona o indivíduo para uma atividade encaminhada a satisfazê-la. Desta maneira, é o estímulo interno de sua conduta e atividade. Não se pode identificar em absoluto com a demanda objetivamente existente. Uma demanda não refletida na respectiva vivência jamais se converte em estímulo da conduta. A necessidade ori-

APRENDER A ENSINAR   107

gina inicialmente uma atividade não orientada do indivíduo, ligada com a busca inconsciente de sua satisfação; mas quando se encontra o objeto, dita atividade adquire caráter orientado. (1978, p. 39).[26]

Mais uma vez a relação entre o objeto da atividade e sua finalidade é salientada. A autora enfatiza a importância que a vivência do indivíduo assume na análise do estímulo do comportamento humano. Mesmo que inicialmente o indivíduo não tenha consciência do objeto de sua necessidade, esta não deixa de existir. Porém sem essa referência à vivência não há conteúdo possível para a atividade interna do indivíduo.

Apesar da valiosa contribuição de Leontiev sobre a formação e ampliação da esfera motivacional da atividade, ou seja, a correlação entre necessidades e motivos, segundo Bozhóvich, (1978) ainda havia uma carência de pesquisas sobre a formação, propriamente dita, dos motivos e suas transformações qualitativas do ponto de vista ontogenético. Após três décadas da divulgação de suas pesquisas e dessa constatação, poder-se-ia afirmar que, na perspectiva histórico-cultural, Leontiev e Bozhóvich ainda se constituem como referências neste campo. (Cf. González Rey, 2000)

Concordando com os autores, a análise das necessidades, sob a ótica psicológica, leva à análise dos motivos da conduta humana.

Os motivos representam, como afirma Bozhóvich,

um tipo especial de impulsos da conduta humana. Podem ser motivos os objetos do mundo exterior, as representações, as idéias, os sentimentos e as emoções. Numa palavra, tudo aquilo no qual se plasma a necessidade. O objeto em que esta se materializa pode mover o homem para a cor-

---

26. Na versão em espanhol do original russo lê-se: "demanda del individuo, reflejada en forma de vivencia (no obligatoriamente comprensión), de aquello que es indispensable para mantener su organismo y desarrollar su personalidad. A diferencia de Leontiev, suponemos que la necesidad impulsa al individuo hacia una actividad encaminada a satisfacerla. De esta manera, es el estímulo interno de su conducta y actividad. No puede identificarse en absoluto con la demanda objetivamente existente. Una demanda no reflejada en la respectiva vivencia jamás se convierte en estímulo de la conducta. La necesidad origina inicialmente una actividad no orientada del individuo, ligada con la búsqueda inconsciente de su satisfacción; pero cuando se halla el objeto, dicha actividad adquiere carácter orientado". (Bozhóvich, 1978, p. 39)

respondente ação, inclusive quando essa necessidade não esteja atualizada na pessoa. (1978, p. 39)[27]

O surgimento de necessidades gera, por sua vez, motivos que mobilizam os seres humanos a agirem orientados por determinados objetivos. O motivo está relacionado ao fim, ao objetivo da atividade, àquilo que se intenciona alcançar, ou seja, à "representação imaginária dos resultados possíveis a conseguir com a realização de uma ação concreta". (Núñez e Pacheco, 1997, p. 42)[28]

Segundo Leontiev, o motivo é algo que não se refere a sentimentos em geral, como normalmente se supõe. O motivo parte do sujeito da "atividade", de suas necessidades, impulsionando-o a agir, pois sem ele não ocorre o movimento da "atividade", o sujeito não se mobiliza ativamente. O autor afirma que o termo motivo "designa aquilo em que a necessidade se concretiza de objectivo nas condições consideradas e para as quais a actividade se orienta, o que a estimula". (1978, p. 97) Em outras palavras, o motivo é o "objeto da atividade o que confere a mesma determinada direção" (Leontiev, 1983, p. 83),[29] e pode ser tanto individual ou coletivo, como ser material ou ideal. Assim, os motivos podem ter uma base material, natural ou ideal, espiritual, subjetiva.

Tal como as necessidades, ainda conforme o autor, os motivos também podem ser classificados como naturais e superiores. Os motivos superiores dividem-se em materiais e espirituais. Ao desenvolver as atividades, os seres humanos estabelecem uma hierarquia entre elas, fenômeno intrinsecamente relacionado à hierarquização dos motivos. Dependendo da atividade desenvolvida pelo indivíduo, os motivos assumem um lugar distinto.

---

27. Na versão em espanhol do original russo lê-se: "un tipo especial de impulsos de la conducta humana. Pueden ser motivos los objetos del mundo exterior, las representaciones, las ideas, los sentimientos y las emociones. En una palabra, todo aquello en lo que se plasma la necesidad. El objeto en que esta se materializa puede mover al hombre hacia la correspondiente acción incluso cuando esa necesidad no esté actualizada en la persona". (Bozhóvich, 1978, p. 39)

28. Na versão em espanhol do original russo lê-se: "representación imaginaria de los resultados posibles a lograr con la realización de una acción concreta". (Núñez e Pacheco, 1997, p. 42)

29. Na versão em espanhol do original russo lê-se: "objeto de la actividad lo que le confiere a la misma determinada dirección". (Leontiev, 1983, p. 83)

Na medida em que a atividade humana geral se desenvolve, ganha complexidade, e outras atividades surgem nela subsumidas, o motivo também toma dimensões objetivas diferenciadas e conteúdos distintos. Desse modo, como adverte Leontiev (1969), passam a compor a estrutura dessas atividades tanto motivos gerais e amplos quanto motivos particulares e restritos, que atuam como estímulos complementares à realização das primeiras. Além disso, os motivos gerais são multifacetados e diferentes de indivíduo para indivíduo. Portanto, estes assumem um lugar superior na hierarquia dos motivos, visto que dotam a atividade de sentido.

O critério de classificação dos motivos na hierarquia mencionada não é sua proximidade, seu vínculo direto com a produção da existência material humana, mas sim a função que os motivos desempenham nas diferentes atividades realizadas pelo indivíduo.

As funções que os motivos podem exercer em uma atividade são relativas, variam de atividade para atividade. Um motivo pode ser considerado geral, dotar de sentido uma determinada atividade e em outra ser apenas um estímulo complementar, tornando-se um *motivo-estímulo*. São estas funções que definem os seus lugares na hierarquização dos motivos, caracterizando, assim, a esfera motivacional da personalidade. Nesta perspectiva, poder-se-ia considerar os motivos como forças impulsionadoras da atividade, que permanecem nos bastidores das cenas da vida do indivíduo. No entanto, há um paradoxo: os motivos só ganham objetividade na atividade interna do indivíduo, quando este analisa a dinâmica da atividade, portanto, quando esta dinâmica se torna conhecida por ele os motivos também podem se tornar evidentes. (Leontiev, 1983)

Enfatizando a importância de se compreender o desenvolvimento e formação dos elementos da "atividade" no processo de aprendizagem, Leontiev demonstra que há diferenças entre os motivos que geram uma mesma ação e que esta pode estar relacionada com "atividades" também diferentes. Para tanto, o autor elabora ilustrativamente um hipotético exemplo de duas crianças em início de escolaridade diante de seus deveres escolares: uma primeira criança faz seus deveres porque quer receber boas notas na escola e uma outra os faz porque foi permitido que ela brincasse somente após a conclusão dos deveres, portanto, os faz porque quer brincar. Leontiev denomina os motivos relacionados ao primeiro caso como "motivos compreensíveis" e aos dos segundo, como "motivos eficazes". E vai além, afirmando que "só os 'motivos compreensíveis' tornam-se motivos eficazes em certas condições, e é assim que os novos motivos surgem e, por conseguinte, novos tipos de atividade". (1988, p. 70)

No segundo caso, brincar é um motivo eficaz porque este coincide com o objetivo da "atividade principal" daquela criança, o jogo/brinquedo. Instituída esta condição de realizar os deveres para depois brincar, o motivo pode se alterar, modificando, portanto, sua "atividade". A criança poderá comportar-se assim por algum período de tempo e, ao realizar os deveres e compreender a relação entre os fatos de ter realizado os deveres, de ter obtido boas notas e de ter recebido reconhecimento das pessoas com as quais interage socialmente, poderá passar a agir de modo a fazer os deveres por si própria, atuando segundo "motivos compreensíveis". Motivos esses que poderão se tornar eficazes porque mobilizarão a criança a desempenhar ações que pertencem, agora, a uma outra "atividade principal": o estudo. Desse modo, irá realizar os deveres porque ela quer conhecer o seu conteúdo.[30]

Um outro importante elemento da estrutura da "atividade" é a *ação*. Uma ação é, conforme afirma Leontiev, "um processo cujo motivo não coincide com seu objecto (isto é, com aquilo que visa), pois pertence à actividade em que entra a acção considerada". (1978, p. 297-8) No entanto, é necessário que o sujeito perceba o objetivo da ação e o relacione com o da "atividade", porque "o propósito de um mesmo ato pode ser percebido diferentemente, dependendo de qual é o motivo que surge precisamente em conexão com ele. Assim, o sentido da ação também muda para o sujeito". (1988, p. 72) Como também, poder-se-ia acrescentar, o sentido da ação muda de "atividade" para a "atividade".

As ações são sempre desempenhadas por sujeitos. Elas decorrem de motivos e também podem ser externas ou internas ao sujeito da "ati-

---

30. Em um texto publicado no idioma espanhol em 1978, intitulado: "Papel que el objetivo planteado y la intención formada por el niño desempeñan en calidad de motivos de la actividad del escolar", Liya Slavina, uma das pesquisadoras que constituíram o grupo liderado por Vigotski, apresenta os resultados de uma pesquisa realizada acerca do papel dos objetivos e da intenção na formação dos motivos pelas crianças em experimentos investigativos. A análise elaborada, repleta de detalhes e rigor acadêmico, merece a atenção de quem quer se dedicar mais ao tema.

APRENDER A ENSINAR   111

vidade". Podem ainda ser individuais e coletivas, porém sua dimensão social, cultural sempre estará presente, ainda que o sujeito não a perceba como tal. Isso significa que mesmo quando um sujeito estiver realizando ações, aparentemente sozinho, estará interagindo com outros pela mediação dos produtos culturais materiais ou dos instrumentos simbólicos internalizados que compõem o seu "próprio" acervo psicológico, que é social, cultural. A produção da existência desse sujeito é coletiva, social, cultural, histórica, assim, o sujeito pode estar sozinho apenas do ponto de vista aparente, imediato.

Do ponto de vista ontogenético, as ações externas materiais são formadas pelas interações entre os indivíduos, de uma forma análoga ao processo ocorrido pela filogênese. Na concepção de Leontiev (1978), as ações são formadas quer pela imitação dos gestos e atitudes dos adultos pela criança, quer pelas interações, mediadas pela ajuda de adultos, com objetos, utilizando-os como instrumentos em determinadas circunstâncias, como, por exemplo, o uso de talheres para se alimentar; quer, ainda, pela mediação verbal. Novamente, em todas as situações, a dimensão sócio-cultural as configura. A criança, inicialmente, ao interagir com um talher, poderá utilizá-lo para promover ruídos, para retirar o alimento de um recipiente e jogá-lo na mesa, observando sua consistência e odor. Posteriormente, com a ajuda de um adulto ou de uma criança mais experiente, passará a exercer movimentos necessários para levar o talher até a boca ou utilizando esse mesmo instrumento, o talher, poderá transportar o alimento de um recipiente para outro e assim, realizar muitas outras ações possíveis e/ou próprias da utilização convencional do talher naquele contexto. Passará a agir utilizando instrumentos intencionalmente e da forma convencionada socialmente. Estará realizando uma ação comum entre os seres vivos, estará se nutrindo, porém, de um modo qualitativamente diferente.

O processo de formação de ações ganha complexidade, segundo Leontiev, quando se trata da formação de ações relacionadas aos fenômenos ideais, as denominadas ações interiores. Nas palavras do próprio autor,

> tal como a influência dos objectos humanos, a influência dos conceitos, dos conhecimentos em si não é susceptível de provocar na criança reacções adequadas; com efeito, a criança deve antes se apropriar delas. Para o fazer, o adulto tem de construir activamente estas acções na criança; mas

contrariamente às acções exteriores, as acções interiores não podem ser *criadas directamente* do exterior. (1978, p. 187)[31]

Daí pode-se inferir a importância que é conferida à educação, à apropriação da experiência humana pelas novas gerações para se tornarem humanos, sujeitos capazes de realizarem ações intencionais, possíveis mediante o desenvolvimento dos processos psíquicos superiores, especialmente da capacidade de agir internamente em sua relação com o mundo externo. A constituição do psiquismo humano é, segundo Leontiev, "o produto da transmissão e apropriação pelos indivíduos das aquisições do desenvolvimento sócio-histórico e da experiência das gerações anteriores". (1978, p. 188)

Nessa perspectiva, o autor ainda afirma que

a aquisição de acções mentais, que estão na base da apropriação pelo indivíduo da "herança" dos conhecimentos e conceitos elaborados pelo homem, supõe necessariamente que o sujeito passe de acções realizadas no exterior às acções situadas no plano verbal, depois de uma interiorização progressiva destas últimas; o resultado é que estas acções adquirem o carácter de operações intelectuais estreitas, de actos mentais. (Leontiev, 1978, p. 188)

Prosseguindo, o autor ainda considera que existe mais um outro importante elemento da estrutura da "atividade": a operação. Para Leontiev, "quando o fim de uma acção entra numa segunda acção, enquanto condição de sua realização, ela transforma-se em meio de realização da segunda acção, por outras palavras, torna-se operação consciente". (1978, p. 104) As operações passam a ser, portanto, o meio ou o modo de realização de uma ação ou ações no interior de uma atividade. Poder-se-ia dizer que quando uma ação externa é internalizada, esta se converte em ação mental, a qual, situando-se como meio para a realização de uma outra ação, torna-se uma operação, portanto, em mais um dos componentes da atividade interna.

---

31. As citações de obras publicadas em Portugal serão efetuadas respeitando as características lingüísticas do idioma desse país, ainda que sejam diferentes daquelas referentes ao mesmo idioma no Brasil.

APRENDER A ENSINAR

113

Esse entendimento acerca do processo de interiorização como um mecanismo que possibilita a formação da atividade interna, em contraposição à atividade externa, é questionado por Rubinstein (1979). Para Rubinstein,

> a atividade do homem condiciona a formação de sua consciência, de suas conexões psíquicas, processos e propriedades; estes últimos, a sua vez, ao regular a atividade humana, são uma condição de que se executem de maneira adequada.
>
> A atividade do homem é, primariamente, uma atividade prática. Só mais tarde se separa dela a atividade teórica, a atividade mental interna. No entanto, também a atividade prática do homem inclui sempre, em seu interior, componentes psíquicos que refletem as condições em que a dita atividade se efetua e como as primeiras a regulam. O trajeto da atividade que se realiza em um plano exterior, à atividade mental, que se realiza em um plano interior, apresenta, como condição interna própria, a evolução dos componentes psíquicos da atividade prática: sua crescente generalização, indispensável para poder separar a atividade teórica da prática. (1979, p. 337)[32]

Assim, a atividade humana externa, por estabelecer e apresentar conexões e "intercondicionalidade" com a atividade interna, já contém em si componentes psicológicos. O autor elucida essa assertiva recorrendo a um exemplo: uma criança ao realizar um cálculo qualquer pode, ao mesmo tempo, estar operando mentalmente com as quantidades e contar com o auxílio dos dedos. A possibilidade do controle das quantidades com os dedos pode demonstrar que a criança está se balizando

---

32. Na versão em espanhol do original russo lê-se: "la actividad del hombre condiciona la formación de su conciencia, de sus conexiones psíquicas, procesos y propiedades; estos últimos, a su vez, al regular la actividad humana, son una condición de que se ejecuten de manera adecuada.

La actividad del hombre es, primariamente, una actividad práctica. Sólo más tarde se separa de ella la actividad teórica, la actividad mental interna. Sin embargo, también la actividad práctica del hombre incluye siempre, en su interior, componentes psíquicos que reflejan las condiciones en que dicha actividad se efectúa y la regulan. El paso de la actividad que se realiza en un plano exterior, a la actividad mental que se realiza en un plano interior, presenta, como condición interna propia, la evolución de los componentes psíquicos de la actividad práctica: su creciente generalización, indispensable para poder separar la actividad teórica de la práctica". (Rubinstein, 1979, p. 337)

pela percepção, pelo senso-numérico. Além disso, pode também evidenciar a importância dos instrumentos na atividade humana. Os movimentos externos das mãos, ao indicar a contagem, denotam a presença da inclusão hierárquica de mais "um" (abstrato) a cada dedo percorrido, portanto de um processo psicológico. É uma ação que tem um significado específico histórico-culturalmente elaborado e socialmente apropriado pelas novas gerações. Neste sentido, assevera Rubinstein:

> a interiorização não parte de uma atividade material externa carente de componentes psíquicos internos, senão de uma forma de existência dos processos psíquicos — na qualidade de componentes de ação prática externa — e conduz a outra forma de sua existência até certo ponto independente da ação material externa. (1979, p. 340)[33]

O ponto nodal reside na formação de processos psicológicos superiores. O processo de interiorização, para o autor, seria o resultado da elevação de nível entre os processos psicológicos elementares e os processos psicológicos superiores, na nova configuração destes processos.[34]

Portanto, concordando com o pesquisador norte-americano James Wertsch (1979, p. 17-31) e Davidov (1999), o conceito de atividade na psicologia soviética desempenhou e continua desempenhando um importante papel no desenvolvimento de pesquisas e formulações teóricas na perspectiva histórico-cultural,[35] sobretudo, conforme compreendemos, pelas seguintes características:

---

33. Na versão em espanhol do original russo lê-se: "la interiorización no parte de una actividad material externa carente de componentes psíquicos internos, sino de una forma de existencia de los procesos psíquicos — en calidad de componentes de acción práctica externa — y conduce a otra forma de su existencia hasta cierto punto independiente de la acción material externa". (1979, p. 340)

34. Considerando os limites do presente texto, para compreender a divergência teórica entre os autores, sugere-se, ao menos, a leitura de duas das principais obras dos mesmos: Rubinstein (1979) e Leontiev (1983).

35. Recomenda-se a leitura dos livros, publicados entre 1999 e 2001, *Learning Activity and Development*, organizado por Mariane Hedegaard e Joacquim Lompscher; *Learning in Classrooms: a cultural-historical approach*, também organizado por Mariane Hedegaard; *Activity Theory and Social Practice: Cultural-historical Approaches*, organizado pela Seth Ckaiklin, Mariane Hedegaard e Uffe Juul Jensen, uma vez que apresentam uma amostra representativa de resultados de pesquisas que se balizam na categoria "atividade". No Brasil, as teses e dissertações de Moura (1992, 2000), Lanner de Moura (1995), Araújo (1998, 2003), Bernardes (2000, 2006), Cedro (2004) e Lopes

a) a atividade é analisada por vários níveis, diferenciando-se das ações e operações, elementos que a constituem e caracterizam as especificidades de cada atividade desenvolvida pelo indivíduo;

b) a atividade é composta por necessidades, objetivos, motivos, condições, objeto, ações e operações;

c) a atividade ocorre sempre pela mediação, por instrumentos materiais e psicológicos, destacando-se, entre eles, a supremacia dos signos;

d) a atividade proporciona a formação do processo de significação e o compartilhamento de significados;

e) a atividade sempre tem um sentido (pessoal) para o sujeito que a realiza;

f) a atividade promove o desenvolvimento humano, especialmente a formação dos processos psicológicos superiores;

g) a atividade desenvolve-se pelas interações sociais, pelas relações entre adultos e crianças, entre adultos e entre as próprias crianças;

h) a atividade humana é eminentemente social e cultural, sendo que seu desenvolvimento promove os processos de interiorização e apropriação, fundamentais para a constituição do ser humano.

4.3 "Atividade de estudo", "atividade de aprendizagem", "atividade em comum" e "atividade orientadora de ensino"

O ingresso da criança, um ser humano de pouca idade, na escola, pode ser considerado um marco em sua vida. A partir desse momento,

---

(2004), Tavares (2002), Sforni (2003) também merecem ser consultadas, pois suas análises pautam-se na mesma perspectiva teórico-metodológica. Vale conferir também Daniels (2003), principalmente por trazer, como anuncia o título, uma análise da relação entre Vygotsky e a Pedagogia. recuperando as contribuições teóricas de pesquisadores de várias gerações e nacionalidades, que pautaram e pautam seus estudos na abordagem histórico-cultural. Assim, sua referência bibliográfica é um convite para quem quiser se aprofundar sobre o tema.

o âmbito e a qualidade das relações sociais estabelecidas são redimensionados. Novas exigências sociais surgem, novas habilidades e atitudes passam pouco a pouco a formar uma outra pessoa. A qualidade do processo de aprendizagem, portanto, também se altera. A aprendizagem ocorrida por meio das brincadeiras, do convívio com os adultos ou até mesmo do trabalho precoce é distinta da que pode ocorrer na escola. A educação escolar oferece a possibilidade sistematizada de apropriação de parte dos elementos da produção cultural de uma dada formação social em determinado período de tempo, vinculada à "consciência e pensamento teóricos". Neste sentido, na escola, a aprendizagem é o objetivo principal. Em outras palavras, a aprendizagem é decorrência de um ensino que proporcione a "atividade de aprendizagem".

Mas nem todo ensino ou educação escolar promove o desenvolvimento psicológico da criança. Para que isso ocorra, faz-se necessário organizar a "atividade" dos estudantes na escola com o objetivo de promover situações que contribuam para superação, pelo menos, do pensamento empírico, forma de pensar originária e circunscrita ao cotidiano vivido. Esta é a conclusão a que chegaram importantes pesquisadores russos e alemães ao investigar, no decorrer dos anos 1970, as neoformações psíquicas de estudantes, pautando-se nos referenciais teórico-metodológicos da Psicologia Soviética, especialmente os formulados por Vigotski, Elkonin, Leontiev e Galperin.[36]

A equipe de pesquisadores coordenada por Vasili V. Davidov orientou a reorganização do trabalho pedagógico desenvolvido em algumas escolas de Moscou e de regiões próximas. Inúmeras ações foram realizadas neste sentido, dentre elas destacam-se: a re-estruturação de programas de estudo (conhecidos convencionalmente pelos profissionais em educação no Brasil por grades curriculares); a elaboração de manuais didáticos; a criação de situações de ensino e o desenvolvimento de um programa de formação de professores das referidas escolas.

Realizando uma análise historiográfica e crítica acerca da Didática da educação escolar inicial, Davidov (1988 e 1982) demonstra que a

---

36. Recomenda-se, como uma das formas de acesso aos resultados dessas pesquisas, a leitura do livro organizado por J. Lompscher; A. K. Markova e Davidov, V. V., intitulado *Formación de la actividad docente de los escolares*, publicado por Pueblo y Educación, em 1987, em Havana, Cuba.

APRENDER A ENSINAR

formação do pensamento empírico é a base da maneira pela qual, tradicionalmente, a educação ocidental, denominada por ele "educação burguesa", vem se constituindo.

O pensamento empírico é um modo de representação das coisas, da realidade, estritamente vinculado à prática social imediata das pessoas que o elaboram. Embora esse tipo de pensamento esteja restrito à temporalidade presente e às imagens mentais decorrentes da ação dos órgãos dos sentidos, especialmente da percepção, suas possibilidades cognitivas são amplas. Para Davidov, o pensamento empírico "assegura às pessoas um amplo campo na discriminação e designação das propriedades dos objetos e suas relações, inclusive as que em um momento determinado não são observáveis, sem que se deduzam, indiretamente, sobre a base de raciocínios". (Davidov, 1988, p. 124)[37] Portanto, ainda segundo o autor, "pensamento é conhecimento racional". (1988, p. 124)

No entanto, por meio dessa forma de pensamento, cada particularidade apreendida, decorrente de observações sensoriais e descrita verbalmente, aparece de maneira autônoma. A relação possível entre os objetos é externa, refere-se às propriedades dos mesmos. Pauta-se na busca de similitudes e não na formação de uma unidade do diverso.

Em contraposição, mediante o pensamento teórico, a pessoa chega a formar essa unidade do diverso. Compreende o fenômeno em movimento, estabelecendo relações entre particularidades que interatuam no tempo e no espaço formando um sistema. Desse modo, a análise e reflexão exercem o papel fundamental de mediação do "experimento mental". As operações, nesse âmbito, são realizadas por conceitos e não por representações imediatas do real.

O conceito aparece aqui como a forma de atividade mental por meio da qual se reproduz o objeto idealizado e o sistema de suas relações, que em unidade refletem a universalidade ou a essência do movimento do obje-

---

37. Na versão em espanhol do original russo lê-se: "asegura a las personas un amplio campo en la discriminación y designación de las propiedades de los objectos y sus relaciones, incluso las que en un momento determinado no son observables, sin que se deducen indirectamente sobre la base de razonamientos". (Davidov, 1988, p. 124)

to material e como meio de sua reprodução mental, de sua estruturação, quer dizer, como ação mental especial. (Davidov, 1988, p. 126)[38]

Todo conceito é expressão da "atividade humana", é produção coletiva, historicamente constituída e apropriada pela pessoa nas interações com outras, presentes nessa relação de forma física ou simbólica. Assim, tanto o processo de produção como o de apropriação de conceitos é resultado e instrumento de inúmeras mediações.[39]

Para que ocorra o desenvolvimento do pensamento teórico das pessoas torna-se importante a organização do ensino e da educação escolar nessa direção. Com base em um longo período de intensas investigações, Davidov afirma que a "atividade de estudo", especialmente das crianças, é a base desse desenvolvimento.

Embora inúmeras e variadas "atividades" sejam realizadas pelas crianças em idade escolar inicial, para Davidov, a "atividade de estudo" é a principal delas. A "atividade de estudo" assume essa relevância porque "ela determina o surgimento das principais neoformações psicológicas de dada idade, define o desenvolvimento psíquico geral dos escolares de menor idade, a formação de sua personalidade em conjunto". (1988, p. 159)[40]

O termo "atividade de estudo" não deve ser confundido com "aprendizagem". A "aprendizagem é um complexo de diferentes processos de aquisição de experiências que levam a mudanças quantitativas e qualitativas nas estruturas e características psíquicas (bem como nas físicas) de um indivíduo".[41] (Lompscher e Hedegaard, 1999, p. 12)

---

38. Na versão em espanhol do original russo lê-se: "El concepto aparece aquí como la forma de actividad mental por medio de la cual se reproduce el objeto idealizado y el sistema de sus relaciones, que en unidad reflejan la universalidad o la esencia del movimiento del objeto material y como medio de su reproducción mental, de su estructuración, es decir, como acción mental especial". (Davidov, 1988, p. 126)

39. Para um aprofundamento analítico acerca das particularidades do pensamento teórico e do pensamento empírico, confira Davidov, 1982 e 1988; Kopnin, 1978 e Lenin, s.d.

40. Na versão em espanhol do original russo lê-se: "ella determina el surgimiento de las principales neoformaciones psicológicas de la edad dada, define el desarrollo psíquico general de los escolares de menor edad, la formación de su personalidad en conjunto". (Davidov, 1988, p. 159)

41. Na referência em inglês consta: "Learning is a complex of different processes of acquisition of experiences leading to qualitative and quantitative changes in psychic (and

APRENDER A ENSINAR

Já a "atividade de estudo" possui uma estrutura peculiar, diferenciada de outras "atividades" que as crianças possam desempenhar.

Segundo Davidov (1988, p. 158), "a assimilação dos rudimentos dessas formas da consciência e formações espirituais correspondentes [ciência, arte, moral, direito] pressupõe que as crianças realizem uma atividade adequada à atividade humana historicamente encarnada nela. Esta atividade das crianças é a de estudo".[42]

O estudo é considerado uma particular "atividade humana" porque, assim como na "atividade humana" em geral, a pessoa que a realiza se transforma ao mesmo tempo em que transforma os objetos materiais e simbólicos com os quais interage. Por meio da "atividade de estudo", atitudes e habilidades de investigação são desenvolvidas nos estudantes, tornando-os capazes de se apropriarem de conhecimentos de um modo semelhante ao que historicamente ocorreu. Logo, não é algo passível de ser realizado sozinho, é uma atividade conjunta, social. Pressupõe necessariamente a comunicação e a relação com o "outro", tanto pela produção cultural materializada em algum objeto material ou simbólico, quanto pela presença física desse "outro".

Desse modo, o professor assume um importante papel na promoção da "atividade de estudo". No exercício de sua atribuição de ensinar, cabe ao professor organizar meios e situações adequadas para a assimilação, por parte dos estudantes, da "experiência histórico-social". Convém ressaltar que a assimilação é concebida por Davidov e Markova como "o processo de reprodução, pelo indivíduo, dos procedimentos historicamente formados de transformação dos objetos da realidade circundante, dos tipos de relação com eles e o processo de conversão destes padrões, socialmente elaborados, em formas da 'subjetividade' individual". (1987, p. 321)[43] Sendo assim, compete ao professor pro-

---

physical as well) structures and features of an individual". (Lompscher e Hedegaard, 1999, p. 12)

42. Na versão em espanhol do original russo lê-se: "la asimilación de los rudimentos de esas formas de la conciencia y formaciones espirituales correspondientes [ciencia, arte, moral, derecho] presuponen que los niños realicen una actividad adecuada a la actividad humana históricamente encarnada en ella. Esta actividad de los niños es la de estudio". (Davidov, 1988, p. 158)

43. Na versão em espanhol do original russo lê-se: "el proceso de reproducción, por el individuo, de los procedimientos históricamente formados de transformación de los objetos

por tarefas de estudo, que irão desencadear a mobilização dos estudantes rumo à concretização dos objetivos próprios da aprendizagem e do ensino.

Tais tarefas propostas coletivamente exigem que as ações individuais e compartilhadas sejam realizadas. Ao buscar a resolução das tarefas, cada estudante interage necessariamente com outras pessoas, principalmente pelas manifestações de comunicação dirigidas aos adultos ou ocorridas entre os próprios estudantes na comparação e avaliação de possibilidades de encaminhamentos para o desenvolvimento das ações resolutivas, de pontos de vista diferenciados diante de uma mesma situação, das opções efetivadas e dos desdobramentos provocados pelas mesmas no trabalho de cada um. Nesse processo de resolução das tarefas, ocorre a apropriação dos procedimentos que compõem uma maneira distinta de pensamento em relação àquelas às quais inicialmente os estudantes recorrem, o que denota a formação de uma atitude ativa pelos estudantes. Segundo Markova (1987, p. 24), "a utilização das formas de trabalho coletivo e grupal não constitui um dos tipos possíveis de organização do processo docente, já que é a condição necessária para a formação plena da atividade docente". [44-45]

Nessa mesma perspectiva, segundo o pesquisador alemão Lompscher (1987), a forma e o conteúdo das "atividades conjuntas" exigem uma específica organização e uma clara direção do trabalho pedagógico. Muitas vezes não é dada a devida atenção aos aspectos que parecem óbvios, mas que interferem substancialmente no desempenho dos estudantes, tais como:

---

de la realidad circundante, de los tipos de relación hacia ellos y el proceso de conversión de estos patrones, socialmente elaborados, en formas de la 'subjetividad' individual". (Davidov e Markova, 1987, p. 321)

44. Na versão em espanhol do original russo lê-se: "la utilización de las formas de trabajo colectivo y grupal no constituye uno de los tipos posibles de organización del proceso docente, sino que es la condición necesaria para la formación plena de la actividad docente". (Markova, 1987, p. 24)

45. Cotejando as produções acadêmicas que abordam o tema, verificou-se que o termo "actividad docente" é correlato ao termo "actividad de estudio" utilizado pelos mesmos autores, Markova e Davidov, em outras publicações em língua espanhola. No entanto, consideramos que se o termo "actividad docente" se referisse à "atividade do professor" haveria, portanto, uma diferença, pois o "lugar social" do professor e do estudante é diferente, como também são diferentes suas necessidades, motivos, ações e operações.

APRENDER A ENSINAR

o volume e o tipo dos meios auxiliares externos; as condições de realização da atividade, por exemplo, a limitação no tempo, os fatores de risco etc.; assim como também variados fatores do meio exterior, que incluem a iluminação, a temperatura do ar, o nível de ruído, a atividade anterior e próxima etc. (Lompscher, 1987, p. 39)[46]

Há que se considerar também elementos referentes à "esfera motivacional", como a origem e o nível dos motivos, os interesses e objetivos formulados pelos próprios estudantes, pois eles contribuem para a formação da posição ativa do estudante na "atividade de estudo", conjunta ou individual. (Cf. Markova, 1987, p. 21)

Para Markova, a formação da "atividade de estudo" supõe

a *formação* nos alunos de cada um dos *componentes da atividade docente*. Em primeiro lugar se encontra a compreensão, a aceitação da tarefa docente indicada pelo professor, e a proposta independente das tarefas docentes por parte do aluno, o que cria a disposição do escolar para o trabalho; isso está relacionado estreitamente com a formação dos motivos de estudo. A realização de ações docentes "ativas" com o material que estuda (ações de análise, comparação, modificação e modelação) e o domínio posterior de novos procedimentos para estas ações, põem a criança em uma posição perante o material que estuda, lhe dão a possibilidade de valorar este material do ponto de vista das medidas e padrões socialmente elaborados, assim como de transformá-lo. (1987, p. 21-2, grifos da autora)[47]

---

46. Na versão em espanhol lê-se: "el volumen y el tipo de los medios auxiliares externos; las condiciones de realización de la actividad, por ejemplo, la limitación en el tiempo, los factores de riesgo etc.; así como también variados factores del medio exterior, que incluyen la iluminación, la temperatura del aire, el nivel del ruido, la actividad anterior y próxima etc.". (Lompscher, 1987, p. 39)

47. Na versão em espanhol do original russo lê-se: "la *formación* en los alumnos de cada uno de los *componentes de la actividad docente*. En primer lugar se encuentra la comprensión, la aceptación de la tarea docente planteada por el maestro, y el planteamiento independiente de las tareas docentes por parte del alumno, lo que crea la disposición del escolar para el trabajo; ello está relacionado estrechamente con la formación de los motivos de estudio. La realización de acciones docentes "activas" con el material que estudia (acciones de análisis, comparación, modificación y modelación) y el dominio posterior de nuevos procedimientos para estas acciones, ponen al niño en una posición ante el material que estudia, le dan la posibilidad de valorar este material desde el punto de vista de las medidas y padrones socialmente elaborados, así como de transformar-lo". (1987, pp. 21-2, grifos da autora)

Assim, resumindo, poder-se-ia afirmar que:

a) a "atividade de estudo" proporciona neoformações psíquicas;

b) o conteúdo da "atividade de estudo" é o conhecimento teórico, constituído basicamente pela reflexão, análise e "experimento mental". Portanto, requer necessariamente uma postura ativa da pessoa que a realiza, o que a torna um sujeito;

c) a "atividade de estudo" pode ser realizada individual ou coletivamente;

d) um dos objetivos principais da "atividade de estudo" é a apropriação da experiência socialmente elaborada;

e) os componentes da "atividade de estudo" são: a compreensão pelos estudantes da tarefa de estudo (formulada pelo professor ou pelo pesquisador); a realização, pelos estudantes, das ações de estudo; controle e avaliação. (Cf. Davidov e Markova, 1987, p. 324-5)

Por fim, é importante enfatizar que, segundo Davidov e Markova (1987), vários fatores históricos determinaram a elaboração e desenvolvimento da "atividade de estudo"; dentre eles, destacam-se:

1) a situação da realidade educacional escolar na União Soviética no final dos anos 1950;

2) a necessidade de elaborar um tipo especial de ensino centrado na "atividade do aluno" e realizar pesquisas que verificassem o resultado dessa nova organização do ensino no desenvolvimento de neoformações psíquicas;

3) os resultados dessas pesquisas impulsionaram a elaboração e desenvolvimento de novas pesquisas que proporcionaram a sustentação teórica da produção acadêmica nos anos 1970.

Em publicação de 1999, Davidov retoma o tema em tela, escrevendo especificamente sobre a "atividade de aprendizagem". O autor utiliza a expressão "atividade de aprendizagem", porém parece estar se referindo à "atividade de estudo". Isso ocorre principalmente quando o autor apresenta analiticamente as ações que são características da "ati-

APRENDER A ENSINAR

vidade de aprendizagem". Tais ações são muito semelhantes às que o autor analisa nos textos acima referidos.*

Mas, o importante é que sua tese central se mantém: a atividade entendida como "o processo no qual a realidade circundante é transformada pelos esforços criativos do homem. O labor é a maneira original de tal transformação". (1999, p. 124)[48] Desse processo, portanto, originam-se todos os outros, dentre eles a "atividade de aprendizagem". Por ser uma particularidade, tal atividade traz elementos da universalidade a que pertence: é composta por necessidades, motivos, objetivos, condições, instrumentos, ações e operações. Além disso, Davidov insiste na necessidade de se conhecerem as características que conferem especificidade a essa atividade, pois quanto mais detalhadamente se conhecerem as ações e demais elementos que constituem a atividade do aprendiz, mais subsídios para a organização do ensino voltado para o desenvolvimento serão obtidos.

Apesar de o autor ressaltar essa necessidade de conhecimento, devido principalmente a sua realidade histórico-cultural, o que ele afirma pode ser considerado também como uma advertência para aqueles profissionais que se encontram em outros países com características semelhantes ou que compartilham da mesma utopia.[49]

Vitaly V. Rubtsov parece ter compreendido essa advertência. Formado pelos estudos que as pesquisas acima mencionadas impulsionaram e buscando dar continuidade a elas, o autor também vem desenvolvendo pesquisas relacionadas à "Teoria da Atividade", ao longo de sua investigação sobre o movimento de apropriação de conceitos relacionados ao ensino de Física, especificamente ao que se refere à organização do que ele denomina "atividade de aprendizagem".

---

* Tal discrepância, dentre outros aspectos, pode estar relacionada à tradução. Assim, é importante que novas investigações sejam realizadas na direção de esclarecer este problema.

48. Na referência em inglês consta: "(...) the notion of activity is understood as the process in which the surrounding reality is transformed by men's creative efforts. Labor is the original form of such transformation". (1999, p. 124)

49. Em 2000 foi publicado um número especial da revista russa "*Izvestia*" (Notícias), da Academia Russa de Educação, em homenagem ao pesquisador Vasili V. Davidov, um reconhecimento à importante contribuição que esse autor ofereceu para a Psicologia Histórico-Cultural e uma oportunidade para conhecer de modo mais amplo o autor e suas idéias.

Assim, Rubtsov advoga que o objeto de aprendizagem deve ser o conteúdo dos conhecimentos teóricos, pois considera que o motivo da aprendizagem é assumir uma atitude de busca de conhecimentos teóricos diante de problemas a serem resolvidos. Desse modo, a estrutura da "atividade de aprendizagem" é algo importante e merece ser compreendida.

Para ele, a "atividade de aprendizagem" estrutura-se basicamente por dois elementos: *problema* e *ação*.

O processo de resolução de problemas de aprendizagem implica desenvolver o que Rubtsov chamou de "forma de ação geral" ou "forma de ação universal", ou seja, "aquilo que é obtido como resultado ou modo de funcionamento essencial para trazer soluções para os problemas de aprendizagem". (1997, p. 131) O autor ressalta, ainda, que resolução de problemas de aprendizagem é diferente de resolução de problemas concretos e práticos.

Na resolução de problemas concretos e práticos, segundo Rubtsov (1997), o modo de ação é desencadeado por si mesmo, uma vez que se relaciona às próprias condições de realização de tarefas concretas e específicas, não transcende à generalização. Já o processo de resolução de problemas de aprendizagem apóia-se em um modo de ação geral, em uma "forma de ação geral" ou "forma de ação universal", ou em conhecimentos teóricos para a resolução do problema, que envolve necessariamente ação cognitiva.

Para que a "atividade de aprendizagem" ocorra, segundo os parâmetros acima, desencadeando o processo de resolução de problemas de aprendizagem, se faz necessária uma específica organização do ensino no sentido de garantir que momentos coletivos possam ocorrer. Assim sendo, a existência desses momentos estaria, por sua vez, proporcionando o surgimento da "atividade coletiva" ou "atividade em comum". Para Rubtsov, esse tipo de atividade "cria e determina a gênese das operações cognitivas da criança e integra os seguintes elementos: a relação entre diferentes modelos de transformação do objeto (esquemas de ação) e a diferenciação desses modelos, levando em consideração o resultado comum da atividade". (1997, p. 135) Além de se constituir em "uma etapa necessária e um mecanismo interior da atividade individual". (idem, p. 137)

Sintetizando sua formulação, Rubtsov salienta que os principais elementos da "atividade em comum" são:

APRENDER A ENSINAR 125

— a repartição das ações e das operações iniciais, segundo as condições da transformação comum do modelo construído no momento da atividade;

— a troca de modos de ação, determinada pela necessidade de introduzir diferentes modelos de ação, como meio de transformação comum do modelo;

— a compreensão mútua, permitindo obter uma relação entre, de um lado, a própria ação e seu resultado e, de outro, as ações de um dos participantes em relação ao outro;

— a comunicação, assegurando a repartição, a troca e a compreensão mútua;

— o planejamento das ações individuais, levando em conta as ações dos parceiros com vistas a obter um resultado comum;

— a reflexão, permitindo ultrapassar os limites das ações individuais em relação ao esquema geral da atividade (assim, é graças à reflexão que se estabelece uma atitude crítica dos participantes com relação às suas ações, a fim de conseguir transformá-las, em função de seu conteúdo e da forma do trabalho em comum). (1997, p. 136)

Considerando que as interações entre os pontos de vista de cada participante da "atividade em comum" não é suficiente para que ocorra modificação na ação, a atuação do professor torna-se fundamental. A modificação na ação só ocorrerá quando houver um movimento de generalização, ou seja, reflexão, mediada pela função simbólica que permitirá a sustentação para que novas ações ocorram. E é principalmente nesse momento que o professor assume um papel de grande relevância, ampliando as possibilidades de ação desses sujeitos.

Portanto, conforme Rubtsov, nas "atividades em comum" são geradas as condições necessárias para o nascimento dos processos cognitivos, que propiciam a modificação de concepções primeiras que os sujeitos possuem no que se refere a determinados fatos ou fenômenos e oferecem elementos para a construção do alicerce da superação do conhecimento empírico e a edificação do conhecimento teórico.[50]

---

50. Os resultados das pesquisas realizadas por Rubtsov encontram-se de forma detalhada e aprofundada em sua obra: *Kommunikativno-orientirovannie obrazovatel'nie sredi. Psikhologia proektirovania* (O papel da comunicação-orientadora nos meios educativos. Psicologia de projeto), publicada em 1996, que vale ser consultada.

De forma semelhante às formulações da "atividade de estudo" e da "atividade em comum", a formulação da "atividade orientadora de ensino", ou simplesmente "atividade de ensino", elaborada principalmente por Manoel Oriosvaldo de Moura (1992, 1996, 2000 e 2001) e Anna Regina Lanner de Moura (1995) também traz contribuições para se compreender o ensino como uma particular "atividade humana".

Com os fios dos aportes teórico-metodológicos de Leontiev e Vigotski, em especial, bem como de Bento Jesus Caraça, George Ifrah, Ubiratan D'Ambrósio, Pável V. Kopin, Gimeno Sacristán, entre outros, Moura e Lanner de Moura tecem suas formulações.

Para Moura e Lanner de Moura, a "atividade orientadora de ensino" organiza-se por meio dos seguintes elementos básicos: intencionalidade do professor; explicitação de uma situação-problema; momentos de interações entre as crianças, o professor e as diferentes fontes, em busca de possíveis formas de resolução do problema apresentado; e momentos coletivos de síntese teórica das resoluções encontradas, sob a orientação da história do conceito e da abordagem histórico-cultural do desenvolvimento humano.

Moura enfatiza que a "estrutura da atividade orientadora é a da própria gênese do conceito: o problema desencadeador, a busca de ferramentas intelectuais para solucioná-lo, surgimento das primeiras soluções e a busca de otimização destas soluções". (1992, p. 68)

Quando a "atividade orientadora de ensino" envolve crianças, ela passa a requerer, necessariamente, a incorporação da ludicidade nas ações desencadeadas. Conforme Lanner de Moura, o jogo/brinquedo é considerado como uma "atividade principal" da criança e, sendo assim, pode promover seu desenvolvimento, visto que "a essência do brinquedo é a criação de uma nova relação entre o campo do significado e o campo da percepção, o que possibilita o desenvolvimento do pensamento abstrato". (1995, p. 28)

Nesta perspectiva, o professor, cuja "atividade predominante" é ensinar, visa o desenvolvimento dos estudantes com os quais interage, que pode ser impulsionado por uma organização do ensino capaz de promover ações voltadas à aprendizagem de conceitos por parte dos próprios estudantes, colocando-os em movimento, em uma posição

APRENDER A ENSINAR

ativa diante do conhecimento que se convencionou culturalmente relevante para a compreensão e transformação da realidade objetiva.

O conteúdo da aprendizagem nesse contexto pedagógico é múltiplo e complexo.

Moura e Lanner de Moura, delimitando o foco de suas pesquisas, decidiram-se por investigar o movimento de apropriação de conceitos matemáticos, especialmente àqueles referentes ao signo numérico, à medida e à geometria.

Recuperando os principais elementos da "atividade de ensino", defendem que na intencionalidade do professor, desencadeada pela necessidade de organizar o ensino com objetivo principal de favorecer a apropriação de determinados conceitos pelos estudantes, devem estar presentes os motivos decorrentes dessa necessidade, bem como as ações e as operações correspondentes que levarão ao objetivo proposto.

> A atividade de ensino visa justamente a atingir uma realidade diferente da material imediata. Ela é impactante na realidade psicológica do sujeito que aprende. Ela vai produzir uma mudança nessa realidade por meio de uma ferramenta simbólica. Isso implica a definição de objetivos, por quem ensina, como se fosse parte de uma atividade. É uma necessidade de fazer com que determinados sujeitos se apropriem de certos conhecimentos. É troca de significados. O motivo é apreensão do novo conteúdo escolar. Esse, por sua vez, é o objetivo que exige determinada ação para poder ser veiculado de modo que os sujeitos aprendam. (Moura, 2000, p. 31)

Analogamente ao que se concebe ocorrer na "atividade humana" em geral, a "atividade orientadora de ensino", pelo estabelecimento de interações sociais mediadas por instrumentos e dentro de limites históricos impostos, constitui o indivíduo, tornando-o um sujeito, especialmente no caso do ensino organizado sob tais parâmetros.

No caso dos estudos realizados por Moura e Lanner de Moura, as "atividades orientadoras de ensino" se desenvolvem em tempos e lugares particulares, por indivíduos que as tornam singulares, não deixando, contudo, de existir sob determinadas circunstâncias históricas e institucionais universais. Os indivíduos envolvidos em tais estudos são adultos e crianças, partícipes de práticas sociais de educação realizadas em instituições públicas de ensino do Brasil e de Portugal.

Pode-se generalizar, a partir das singularidades investigadas pelos autores, que na realização de uma "atividade orientadora de ensino" uma série de motivos podem dirigir as diferentes ações desencadeadas por caminhos diversos; ao mesmo tempo, o professor, assumindo seu papel na disposição das condições que propiciem a aprendizagem, estará contribuindo para que não haja desvio de objetivos. E é nesta condição que reside a riqueza tanto do ensino como da aprendizagem. Muitas são as possibilidades de "troca simbólica", como denomina Moura, de abordagem do problema apresentado e da proposição de conhecimentos e conceitos a serem apropriados. Por isso, não é sem razão que a "atividade orientadora de ensino" apresenta em sua própria expressão o termo "orientadora". Ser orientadora é uma qualidade de "atividade de ensino", ou seja, um atributo que a designa como tal, oferecendo o mote e a direção para as ações. A "atividade orientadora de ensino" não é algo que deixa estabelecido, de forma intransigente, desde o início de sua realização, quais são os passos que devem ser seguidos rigidamente. O que é definido e que deve ser seguido rigorosamente são os princípios que a norteiam.

Portanto, nas próprias palavras de Moura, a "atividade orientadora de ensino"

> deveria ser o conjunto articulado de ações que permitisse acompanhar a evolução do aluno, de um conhecimento primeiro a um conhecimento futuro (Driver, 1988), como síntese coletiva destes conhecimentos já assimilados por cada indivíduo. Ela deveria se constituir no momento da articulação das idéias de todos, em busca de uma situação interativa da ação didática, mediada pelo conteúdo em discussão, deveria encaminhar-se a níveis de conhecimentos mais elaborados. (1992, p. 68)[51]

Mais uma vez cabe salientar que tais princípios estão relacionados à compreensão das características sócio-genéticas da formação dos pro-

---

51. A referência bibliográfica mencionada por Moura nesta citação é Driver, R. Un enfoque constructivista para el desarrollo del currículo en ciencias. In: *Enseñanza de las ciencias*, v. 6, n. 2, p. 107-210, 1988.

cessos psíquicos superiores, que deitam suas raízes no terreno histórico-cultural e assim constituem o indivíduo como sujeito.

Segundo Moura, a "atividade de ensino", sendo realizada coletivamente, integra de modo imprescindível o indivíduo, criando a possibilidade deste se tornar um sujeito, à medida que propõe o problema num nível em que é capaz de resolvê-lo, promovendo, assim, seu desenvolvimento. O sujeito, "tal como a realidade objetiva, modifica-se com as ferramentas simbólicas, superando um nível de conhecimento inicial para um outro final, mais elaborado, mas provisório, pois esse tão logo será inicial para outro problema mais complexo". (2000, p. 34)

Colocando em movimento as categorias forjadas especialmente por Leontiev, Moura explicita a estrutura da "atividade orientadora de ensino", considerando que ela

> tem uma necessidade: ensinar; tem ações: define o modo ou procedimentos de como colocar os conhecimentos em jogo no espaço educativo; e elege instrumentos auxiliares de ensino: os recursos metodológicos adequados a cada objetivo e ação (livro, giz, computador, ábaco etc.). E, por fim, os processos de análise e síntese, ao longo da atividade, são os momentos de avaliação permanente para quem ensina e aprende. (2001, p. 155)

Da leitura referente às pesquisas acerca da "atividade de estudo", da "atividade de aprendizagem", da "atividade em comum" e da "atividade orientadora de ensino" pode-se depreender, e concordando-se com seus autores, que tais estudos trazem contribuições para se esclarecer tanto o processo de ensino como o de aprendizagem, bem como a relação entre ambos, na perspectiva da "atividade humana".

Considerando as particularidades histórico-culturais que configuram cada estudo, caberia ressaltar alguns aspectos que podem diferenciar e aproximar tais estudos. Uma das diferenças parece residir no foco de análise dos referidos estudos.

Davidov, Markova e Rubtsov centram suas pesquisas em aspectos da "atividade de aprendizagem" na "atividade principal" de sujeitos que são estudantes da escola. Dada a conjuntura, inicialmente soviética e posteriormente russa, seus estudos estabeleceram uma intrínseca relação com um movimento de reformulação curricular das escolas públicas, oferecendo parâmetros que o configuraram, envolvendo, portanto, os principais componentes curriculares.

Moura e Lanner de Moura, no entanto, voltaram-se prioritariamente para a educação pré-escolar e os primeiros anos de escolaridade, com ênfase na apropriação do signo numérico e do conhecimento geométrico pelas crianças. Moura (2000, 2001 e 2003) também foca a atividade orientadora de ensino na formação de professores. Mas a "atividade orientadora de ensino" é compreendida, nesse contexto de formação, como o objeto da "atividade docente", em todos os níveis e modalidades da educação institucionalizada. Assim, importa ressaltar que o eixo central da análise dos autores está no processo de apropriação do conhecimento matemático e seus desdobramentos metodológicos para a organização do ensino. No entanto, pode-se inferir que o conteúdo da "atividade orientadora de ensino" pode ser o conhecimento matemático, os elementos constitutivos da organização do ensino ou outros conhecimentos específicos relacionados às mais variadas temáticas que se desejam ser apropriados, dependendo do contexto educacional que o sujeito da "atividade orientadora de ensino" constitui.

Guardadas as devidas diferenças entre as proposições teóricas dos autores europeus e brasileiros, pontos de aproximação entre elas podem ser encontrados.

O primeiro deles refere-se ao pressuposto comum: todo indivíduo é capaz de aprender e ao aprender se desenvolve e se constitui como ser humano. Essa aprendizagem é concebida como um processo complexo, multifacetado e eminentemente histórico-cultural, além de estar dirigido para a apropriação da experiência humana sistematizada. Ocorre necessariamente no campo das interações sociais, especialmente entre adultos e crianças e entre as crianças, pela mediação de instrumentos materiais e psicológicos que promovem a formação dos processos psicológicos superiores. Desse modo, o sujeito que aprende está sempre em movimento, está ativo, portanto, aprende em todo lugar. Mas a aprendizagem ocorrida na escola é aquela mais propícia ao desenvolvimento do pensamento teórico, devido ser a cultura dessa instituição diferenciada da do cotidiano, e isto importa e faz toda a diferença. Os autores, persistindo na utopia e contribuindo para sua concretização, entendem a escola, dentre outros aspectos, como o lugar por excelência da aprendizagem para o desenvolvimento humano, ainda que a realidade educacional de ambos países imponha vários limites nessa direção.

Assim, a partir desse pressuposto, chega-se à evidência da importância do ensino para o desenvolvimento humano, e, desse modo, o papel do "outro" na aprendizagem se torna fundamental. Esse "outro" pode ser o professor e os próprios colegas. Mas o papel do professor na organização do ensino é insubstituível, porque é ele o responsável por criar situações em que se apresentam problemas de aprendizagem que considerem o nível de desenvolvimento real dos estudantes, instigando e promovendo a atuação dos estudantes em sua zona de desenvolvimento próximo ou potencial. Dessa forma, os problemas de aprendizagem podem desencadear uma atitude ativa dos estudantes, consigo próprios pelo estabelecimento do diálogo interno e em ações compartilhadas com colegas e com o professor.

Nessa perspectiva, a preocupação com a criação dos motivos, a atenção na definição dos objetivos e no detalhamento das ações, bem como o cuidado com o movimento lógico e histórico dos conceitos que se quer apropriados ganha destaque nesse processo. O que está posto, portanto, é o compromisso com a formação do ser humano e não apenas do sujeito cognoscente, como freqüentemente defendem proposições pedagógicas, presentes em políticas educacionais, que vêm definindo os parâmetros curriculares para o ensino fundamental desse modo tão restritivo.

Ademais, diante dos desafios históricos para o desenvolvimento e a preservação da dimensão humana, impostos a cada dia de forma mais gritante, a relevância dos resultados de pesquisas desse teor é inconteste para a compreensão do ser humano e particularmente, por seus possíveis desdobramentos, para a compreensão da educação escolar e para a formação de professores.

Assim, foi buscando se aproximar desta mesma perspectiva de análise, considerando a "atividade de aprendizagem" como uma particular "atividade humana", que esta investigação se colocou o seguinte problema de pesquisa: como se constitui a "atividade de aprendizagem" da prática de ensino das séries iniciais do ensino fundamental em estudantes de Pedagogia, a partir do estudo de uma singularidade de formação de professores no ensino universitário?

4.4 A "atividade de aprendizagem" na formação universitária de professores

> O homem não nasce dotado das aquisições históricas da humanidade. [...] Só apropriando-se delas no decurso da sua vida ele adquire propriedades e faculdades verdadeiramente humanas. Este processo coloca-o, por assim dizer, aos ombros das gerações anteriores e eleva-o muito acima do mundo animal. (Leontiev, 1978, p. 282-3)

Diante do que foi exposto, pode-se conceber que a "atividade humana" é uma universalidade que abrange diversas manifestações particulares. Assim sendo, a "atividade de aprendizagem" pode ser compreendida como uma particularidade desse universal, possível de ser realizada em diversos tempos e espaços da vida dos seres humanos. De um outro ponto de vista, ela também pode ser concebida como uma universalidade, se considerada presente em qualquer "atividade educacional institucionalizada", atividade essa que, por sua vez, abarcaria aquelas abordadas no item anterior: "atividade de estudo", "atividade em comum", "atividade orientadora de ensino". Isso porque a "atividade de aprendizagem" se constitui em cada uma dessas "modalidades" de "atividade". Por meio de cada uma delas se efetiva, se desenvolve a "atividade de aprendizagem" dos sujeitos que elas têm como foco, ou seja, os sujeitos para os quais elas estão direcionadas.

Importa salientar que os estudos sobre as duas primeiras, a "atividade de estudo" e a "atividade em comum" se voltaram exclusivamente para crianças e jovens estudantes. Já a terceira, a "atividade orientadora de ensino", apesar de promover a "atividade de aprendizagem" da criança em idade pré-escolar, pode ser considerada também como um instrumento para a "atividade de aprendizagem" do professor, como demonstram os estudos de Manoel Oriosvaldo de Moura (2000), Silvia Carvalho Araújo Tavares (2002) e Elaine Sampaio Araújo (2003). Nessas pesquisas "colaborativas", como denominam os autores, os professores foram formados mediante a elaboração de "atividades orientadoras de ensino" dirigidas às crianças e jovens, estudantes das escolas envolvidas. Contudo, é na pesquisa de Araújo que a "atividade de aprendizagem" do professor foi especialmente estudada, em seu processo, no desenvolvimento profissional e na constituição do professor, como pessoa, portanto, no âmbito de um projeto específico de formação continuada.

Da mesma maneira, cabe, ainda, lembrar que existe uma produção específica acerca do "aprender a ensinar". Em especial poder-se-iam destacar as formulações dos pesquisadores Isauro Núñez e Betânia Leite Ramalho (1999/2000) — que indicam a existência de produções que também se preocupam com a dispersão semântica encontrada nas pesquisas sobre a formação de professores, especificamente sobre o "aprender a ensinar". (Kagan, 1990; Marcelo García, 1999; Carter, 1990; Pajares, 1992) Também merece destaque a contribuição sobre o "aprender a ensinar" oferecida por Marcelo García (1999) — que aborda, particularmente, a relação entre as teorias de aprendizagem e a formação de professores, apoiando-se em uma vasta bibliografia sobre o tema. No entanto, embora se considere sua importância para a pesquisa sobre formação de professores, tais referências não serão exploradas analiticamente neste texto, devido à especificidade apresentada pelas mesmas e por não abrangerem diretamente o processo de aprendizagem de estudantes de Pedagogia.

Já sobre a relação entre o ensino e a aprendizagem no ensino superior, em geral, ressalta-se a contribuição de Óscar C. de Sousa (2003) que, ao tratar do tema, realça a importância dos significados e das mediações na referida relação, porém o faz apresentando elementos analíticos na perspectiva da psicologia, formulados por Ausubel, Bruner, Gagné, Giordan e Piaget.

Se o foco for ampliado, abrangendo a aprendizagem do jovem e do adulto, mas mantendo uma abordagem psicológica, é possível encontrar especialmente: *The adult leaner: a neglected species*, de Malcolm Knowles (1990); *Learning in adulthood*, de Sharan B. Merrian e Rosemary S. Caffarella (1991); *O desenvolvimento após a adolescência*, de Jesús Palácios (1995); *Jovens e adultos como sujeitos de conhecimento e aprendizagem*, de Marta Khol de Oliveira (1999). Tais produções, de matizes teóricometodológicas diferenciadas, analisam a aprendizagem daquele sujeito que já ultrapassou a infância, portanto, do adolescente, jovem ou adulto em geral, já escolarizado ou no início da escolarização, não especificando a relação entre a "atividade de aprendizagem" e a "atividade principal" desses indivíduos (que quando adultos geralmente é o trabalho).

Mas se o ponto de vista for deslocado, poder-se-ão ainda encontrar as contribuições do pesquisador francês Marcel Lesne (1984). O autor tece uma peculiar análise sociológica sobre a relação entre o trabalho pedagógico e a formação de adultos. A leitura de seu trabalho justifica-se principalmente pelo quadro sintético das principais características de diferentes modalidades de organização pedagógica na formação de adultos, apresentado pelo autor. Modalidades estas presentes em diversos graus de escolaridade e abrangendo distintas áreas de conhecimento.

Assim, sem a pretensão de esgotar a busca sobre o tema ou mesmo de apresentar um leque completo de referências bibliográficas, pôde-se constatar, de maneira ilustrativa, a variedade e a abrangência dos estudos que se dirigem à educação daqueles sujeitos que não são mais crianças, campo fértil para investigações. Do mesmo modo, também se pôde verificar que, no âmbito do ensino superior, o processo de aprendizagem do estudante deste nível, particularmente os elementos que constituem a "atividade de aprendizagem" desse sujeito, não vêm se configurando como um objeto de estudo específico.

Buscar apreender os elementos constitutivos da "atividade de aprendizagem", portanto, tem se revelado algo extremamente difícil, mas que se impõe, especialmente quando se assume que conhecer esse processo é uma das condições para que a formação de professores da melhor qualidade (Rios, 2001) seja realizada na universidade pública. As dificuldades podem ser remetidas, principalmente, à extensão, complexidade e dinamicidade do fenômeno. Além disso, a "atividade de aprendizagem" de estudantes universitários, em especial de estudantes do curso de Pedagogia que tem como finalidade a "formação de professores de crianças", é um tema ainda não explorado na bibliografia investigada. Assim, procurando relacionar as contribuições teórico-metodológicas expostas até aqui com o conteúdo das entrevistas, dos textos elaborados pelas estudantes e dos registros do diário de campo, constatou-se que muitos são os elementos a serem destacados.

Compartilhando da visão de Leontiev (1967), é admissível conceber a aprendizagem como uma "atividade", como um processo de transformação do sujeito, de formação e desenvolvimento dos processos psíquicos superiores, que torna um indivíduo eminentemente biológi-

APRENDER A ENSINAR 135

co, ao nascer, em um ser humano ao longo de sua existência. Um processo de apropriação, pelas novas gerações, de elementos culturais produzidos pela experiência humana historicamente constituída. Portanto, uma "atividade humana" manifestada por sua particularidade, configurada por seus elementos gerais com conteúdos específicos e delineada por determinadas condições.

Os pesquisadores europeus Hedegaard e Lompscher, apoiando-se nos pressupostos teórico-metodológicos de Leontiev, ressaltam a necessidade de se diferenciar "aprendizagem" e "atividade de aprendizagem", como já mencionado anteriormente em relação à "atividade de estudo". Para os autores, aprendizagem é "um conjunto de diferentes processos de aquisição de experiências que levam a mudanças quantitativas e qualitativas nas estruturas e características psíquicas (bem como nas físicas) de um indivíduo". (Hedegaard e Lompscher, 1999, p. 12).[52] Já a "atividade de aprendizagem" é "um tipo especial de atividade dirigida a aquisições de habilidades e conhecimento social por meio da re-produção individual mediante ações de aprendizagem especiais sobre os objetos de aprendizagem (métodos e conhecimento do assunto)". (Hedegaard e Lompscher, 1999, p. 12)[53] Poder-se-ia, ainda, acrescentar que a "atividade de aprendizagem" ocorre privilegiadamente no âmbito da educação escolar, em uma instituição específica: a escola, independentemente do nível de ensino que ela ofereça.

Já do ponto de vista filosófico,

> enquanto atividade especificamente humana, a educação se caracteriza pela intencionalidade, isto é, pela antecipação mental de seus resultados na forma de objetivos a serem alcançados. É mister, pois, que no curso da ação se mantenham continuamente presentes os objetivos que são a razão de ser mesma da atividade que está sendo realizada. Sem isto a prática degenera em burocratismo o qual consiste na aplicação mecânica, a

---

52. Na referência em inglês consta: "Learning is a complex of different process of acquisition of experiences leading to qualitative and quantitative changes in psychic (and physical as well) structures and features of an individual". (Hedegaard and Lompscher, 1999, p. 12)

53. Na referência em inglês consta: "It is a special kind of activity directed towards the acquisition of societal knowledge and skills through their individual re-production by means of special learning actions upon learning objects (subject matter methods and knowledge)". (Hedegaard e Lompscher, 1999, p. 12)

um novo processo, de formas extraídas de um processo anterior do qual foram autonomizadas, passando a justificar-se por si mesmas. (Saviani, 1990, p. 7)

Nesta perspectiva, compreende-se que as estudantes do curso de Pedagogia da Universidade Federal de Santa Catarina, ao cursarem a disciplina "Prática de Ensino da Escola de Ensino Fundamental: Séries Iniciais", portanto, ao participarem de um específico processo formativo, desencadearam uma singular "atividade de aprendizagem".

Recordando, no decorrer de cada um dos semestres letivos do período em análise, as estudantes passaram a realizar várias *ações*: leitura de textos que abordavam os elementos constitutivos do ser criança, da história e da proposta de educação do MST; elaboração de registros e observações sobre aspectos da realidade e das pessoas com as quais iriam interagir como professoras; formulação, desenvolvimento, avaliação e re-formulação de projetos de ensino; comunicação oral e escrita acerca dos aspectos considerados por elas como os mais expressivos nesse processo de formação desencadeado.

Convém salientar que, segundo Leontiev,

quando consideramos o desenrolar de um processo específico — externo ou interno — do ângulo do motivo, ele surge como actividade humana, mas quando consideramos como processo orientado para um fim, ele surge como acção ou sistema, uma cadeia de acções. (1980, p. 56)

Assim sendo, entende-se que as estudantes, ao se apropriarem dos conhecimentos necessários para aprenderem a prática de ensino, realizaram uma "cadeia de ações", vinculada a essa "atividade de aprendizagem".

Após os momentos de leituras e discussão da bibliografia básica, contato inicial com as pessoas assentadas, acampadas, professores e estudantes das referidas escolas, todas as atenções das estudantes universitárias estavam voltadas para elaboração e desenvolvimento de projetos de ensino, que envolviam inúmeras ações, como por exemplo, a ação de organização de situações de ensino, pautadas pela dimensão lúdica, que possibilitassem o desenvolvimento da expressão escrita das crianças. Pouco a pouco, cada ação foi sendo incorporada, transformando-se em operações, meios para atingir o objetivo proposto para cada

APRENDER A ENSINAR

uma delas, ou seja, passaram a se constituir em um meio para a atuação das estudantes como professoras.

Portanto, poder-se-ia considerar que a "atividade" desenvolvida pelas estudantes era a *aprendizagem da prática de ensino* e as "ações" constituíam-se, além das já citadas acima, em todas as outras relacionadas a essa aprendizagem.

O que era uma exigência, uma ação externa da professora universitária, no momento inicial do desenvolvimento da "atividade de aprendizagem", passa a ser considerado por uma estudante, em um outro momento, quando esta última se torna o sujeito de uma "atividade de ensino" em uma outra escola, como uma ação necessária e um instrumento para a realização de tais atividades.

As estudantes, nesse processo, promoveram seu desenvolvimento psicológico. Ao realizarem as ações envolvidas nesse movimento, as estudantes mobilizaram diversos conhecimentos, apropriando-se de instrumentos que inicialmente eram externos. A organização das situações de ensino se materializava em um projeto de ensino e implicava, dentre outros elementos, principalmente o planejamento, a antecipação de ações futuras, a definição de objetivos e de objetos de ensino ou conteúdos escolares, como geralmente são denominados. Ao longo desse processo, o projeto de ensino era um instrumento que mediava a "atividade de ensino" das estudantes e, ao mesmo tempo, era um instrumento externo na "atividade de aprendizagem" das mesmas estudantes. Enfatizando: à medida que essa ação de planejar era internalizada, a mesma tornava-se uma operação.

Segundo Leontiev,

> psicologicamente, a fusão de diferentes acções parciais numa acção única, constitui a sua transformação em operações. Por este facto, o conteúdo que outrora ocupava, na estrutura, o lugar de *fins* conscientes de acções parciais, ocupa doravante, na estrutura da acção complexa, o lugar de *condições* de realização da acção. Isso significa que doravante as operações e condições de acção também elas podem entrar no domínio do consciente. Em contrapartida, não entram aí da mesma maneira que as acções e os seus fins. (...) Quando um fim de uma acção entra numa segunda acção, enquanto condição de sua realização, ela transforma-se em meio de rea-

lização da segunda acção, por outras palavras, torna-se operação consciente. (1978, p.103-105, grifos do autor)

A maneira como operaram com o planejamento pode indicar que este passou a adquirir a função de signo e como tal foi utilizado pelas estudantes como uma "ferramenta psicológica", como "um meio de ação psicológica". (Vuigotskij, 1987) Portanto, ao agirem desse modo, as estudantes realizaram algo que já estavam habituadas a realizar, provavelmente desde seu ingresso na escola, contudo de forma mais sistematizada, pois o fizeram com um conteúdo qualitativamente diferente. Tais estudantes continuaram a desenvolver a capacidade de realizar o que Vigotski denominou "atividade mediadora". Para o autor, como já citado anteriormente neste capítulo, "a utilização de meios auxiliares, no trânsito para a "atividade mediadora", reestrutura em sua raiz toda a operação psíquica, analogamente a como a utilização de instrumentos modifica a atividade natural dos órgãos e amplia, até o infinito, o sistema de ativação das funções psíquicas". (Vuigotskij, 1987, p. 103)[54]

A intencionalidade dos professores universitários estava expressa no ensino da organização do ensino por projetos, da observação, da elaboração dos mesmos, na orientação dos registros do que foi realizado e da avaliação, considerados como conteúdos próprios da disciplina, portanto, como conteúdo da "atividade de aprendizagem" das estudantes universitárias. A apropriação desse conteúdo pelas estudantes parece ter possibilitado a ampliação do campo de atuação das mesmas, uma vez que o planejamento é visto como um instrumento que permite ao sujeito que realiza a atividade estabelecer o norte de sua própria atividade, definindo os objetivos da mesma e abrindo um leque de caminhos possíveis.

Ao se depararem com a necessidade, as estudantes, motivadas, realizaram ações que se tornaram operações e, nesse movimento, ao operar com instrumentos, tanto do ponto de vista da atividade externa,

---

54. Na versão em espanhol do original russo lê-se: "la utilización de medios auxiliares, en el tránsito hacia la actividad mediatizadora, reestructura en su raíz toda la operación psíquica, análogamente a como la utilización de instrumentos modifica la actividad natural de los órganos y amplía, hasta al infinito, el sistema de activación de las funciones psíquicas". (Vuigotskij, 1987, p. 103)

material, como do ponto de vista interno, mental, desenvolveram qualitativamente seus processos psíquicos superiores, ocasionando, por conseguinte, o desenvolvimento da sua dimensão humana. Desenvolveram capacidades de agir preenchidas de emoções, pensamentos e intencionalidade. Desse modo, pode-se afirmar que desenvolveram sua dimensão humana, mesmo estando subsumidas à adversidade das precárias condições materiais e históricas da produção da existência em que vive a maioria das pessoas em uma sociedade pautada pela exploração econômica entre os seres humanos.

Avaliar e planejar são duas ações indissociáveis que, mediadas pelo registro e pela reflexão, compõem a "atividade de ensino". Tais ações foram consideradas como dois dos conteúdos escolares, objetos da "atividade de aprendizagem" das estudantes universitárias. Assim, como conteúdo dessa "atividade de aprendizagem", mais do que ações, a observação, a reflexão, o planejamento e a avaliação, tornaram-se instrumentos e resultados de um processo de desenvolvimento de formações psíquicas. Pela análise do conteúdo dos testemunhos das estudantes pôde-se constatar que tanto a capacidade de antecipar ações de forma sistematizada como a de atribuir juízos de valor às ações passadas são elementos constitutivos da "atividade profissional docente" de parte do universo dos sujeitos entrevistados. A recorrência e a presença destes elementos na elaboração oral a respeito da "atividade" que desenvolveram como estudantes e da que atualmente realizam, já como professoras, podem denotar que tais pessoas se apropriaram da experiência socialmente elaborada. A transcrição dos seguintes testemunhos orais pode ilustrar esse movimento:

> A avaliação foi fundamental para o nosso crescimento e para o nosso planejamento, para a mudança do nosso planejamento. [...] Eu acho que muitas coisas que acontecem, hoje, na minha vida, na área de educação infantil, são reflexos do que eu vivi lá, da minha experiência lá e da minha cabeça de hoje, depois do que aconteceu. (Mariana)
>
> Nossos momentos de avaliação realmente foram de profundo aprendizado, que eu tenho até hoje. (Sofia)
>
> Não há como entrar em sala de aula sem planejar, sem fazer o registro, pois este também faz parte do planejamento. Não tinha esse hábito. Foi com a prática de ensino que adquiri esse hábito. Isto nós compreende-

mos e interagimos em nossa disciplina de prática de ensino no MST. (Luciene)

O planejar pode ser concebido como uma operação que orienta a atuação das mesmas, como professoras, pois oferece a direção das ações necessárias para a realização e desenvolvimento da atividade de ensino. Além disso, o registro, mediado pela avaliação, foi considerado também como um instrumento externo material que as auxilia no desenvolvimento de sua atividade, inclusive como recurso mnemônico, interpondo-se entre o sujeito e o objeto de sua atividade, o ensino. O rigor em realizar o planejamento e registrá-lo antecipadamente gerou, em alguns casos, o reconhecimento da autoridade institucional, o que denota uma qualidade diferenciada na atuação desses sujeitos, se comparada ao momento da "atividade de aprendizagem" da prática de ensino.

Poder-se-ia considerar ainda que, mesmo para aquelas estudantes que no início se depararam com dificuldades em realizar sua "atividade de aprendizagem", as ações relacionadas à avaliação e ao planejamento realizadas no exercício da prática de ensino transformaram-se em operações.

Para essa parcela das estudantes universitárias, portanto, o exercício do planejamento nesta perspectiva foi uma descoberta. Elas desconheciam as imensas e complexas proporções das demandas de tempo e de elaboração de cada detalhe do que era proposto. Verificaram o quanto é importante obter condições infra-estruturais para a realização do trabalho docente e ter apropriado instrumentos que possam contribuir para o bom desenvolvimento da prática pedagógica. Compreenderam que o ensino exige a articulação de um leque de elementos que envolvem teoria e prática como uma unidade e que, portanto, os momentos de investigação, de elaboração, de reflexão e avaliação também faziam parte do seu processo de formação.

Segundo Sánchez Vázquez,

uma teoria é prática na medida em que materializa, através de uma série de mediações, o que antes só existia idealmente, como conhecimento da realidade ou antecipação ideal de sua transformação.

Mas se a teoria em si não muda o mundo, só pode contribuir para transformá-lo exatamente como teoria. Ou seja, a condição de possibilidade

— necessária, embora insuficiente — para transitar conscientemente da teoria à prática e, portanto, para que a primeira cumpra uma função prática, é que seja propriamente uma atividade teórica — na qual os ingredientes cognoscitivos e teleológicos sejam intimamente vinculados e mutuamente considerados. (1977, p. 207)

O homem, conforme afirma Kopnin, "opera com a natureza somente na medida em que esta é dada em sua atividade prática e teórica, se constitui no objeto e no resultado dessa atividade, sendo o próprio homem, ademais, produto dessa atividade". (1978, p. 340)

É conhecido também que o homem se constitui como sujeito na relação com o objeto. É sujeito porque necessitando produzir sua existência a realiza estabelecendo intencionalmente relações com outros seres humanos, produzindo instrumentos materiais e ideais que mediam a relação entre si e a natureza material, da qual também é partícipe. Portanto, o ser humano, configurando-se dessa maneira com determinadas características, materiais e espirituais, produzidas pelas interações histórico-culturais estabelecidas, constitui-se como sujeito.

Novamente, recorrendo às palavras de Kopnin,

o objeto é o momento inicial da interação entre sujeito e objeto e, simultaneamente, o resultado final dessa interação. A idéia se constitui em um determinado elo mediativo no movimento de um objeto a outro. A atitude da idéia em face ao primeiro objeto (o objeto inicial na prática) difere da atitude face ao segundo objeto (o resultado da prática). (1978, p. 340).

Nesta formulação elaborada pelo autor, fundamentada em Marx, acerca da relação objeto-idéia-objeto podem ser encontrados elementos teóricos que parecem contribuir para o entendimento do fenômeno da "atividade de aprendizagem" das estudantes universitárias.

No momento da elaboração de seus primeiros projetos de ensino, as estudantes universitárias partiram dos dados da realidade relacionados aos estudantes daquelas escolas, dos princípios pedagógicos e filosóficos da educação proposta pelo MST, dos conhecimentos escolares convencionados como necessários ao grau de escolaridade, bem como das características do processo de aprendizagem daquelas crianças, as quais recentemente haviam se apropriado. Pode-se dizer que este seria o objeto inicial que gerou uma "atitude da idéia": a de considerar esses dados na elaboração do projeto de ensino. Assim, as estudantes passaram a gerar um outro objeto, qual seja, a materialização, sob a forma de projetos de ensino, de suas idéias sobre: a) os sujeitos com os quais, em um primeiro momento, interagiram informalmente, apesar da relação institucional estabelecida, e com os quais, num segundo momento, iriam interagir formalmente como professores dos mesmos; b) a seleção e organização do conhecimento escolar; c) as opções didático-metodológicas centradas na dimensão lúdica das situações de ensino propostas, no redimensionamento da "cultura de movimento/corporal" das crianças e na necessidade de formação de leitores e escritores.

As estudantes, orientadas pelas idéias materializadas nesse instrumento, os projetos de ensino, desencadearam inúmeras ações que configuraram um outro objeto: o exercício do ensino propriamente dito. Esse exercício, por sua vez, transformou não só o objeto inicial, os projetos de ensino, mas também o segundo, a prática de ensino, e ainda as idéias formuladas nesse processo, conferindo novos contornos à atividade desses sujeitos. Essa transformação ocorreu mediante a idéia, a reflexão sobre os objetos e idéias anteriores, e as ações práticas desencadeadas em função do atendimento aos objetivos propostos em cada projeto de ensino, à intencionalidade da prática de ensino institucionalizada pela universidade e aos fins definidos coletivamente com professores das referidas escolas, dirigentes do MST, estudantes e professores universitários. As palavras das estudantes, abaixo, denotam o sentido desse processo para as mesmas.

> Nosso projeto passou por alterações significativas, as transformações que ocorreram no âmbito social exigiram mudanças em nossas ações. Era necessário reformular inclusive algumas atividades, afinal os sujeitos fundamentais para o exercício de nossa prática docente estavam diferentes. Sendo assim, nosso planejamento precisava ser revisto. Algumas atividades foram retiradas, outras acrescentadas, outras, ainda, transformadas. Mas não se tratava de improvisar atividade, mas sim, de revê-las e adequá-las às condições atuais. (Vogel e Felipe, 2000, p. 8)

É especialmente por meio dessas ações teóricas e práticas que se constituiu essa singularidade na formação universitária de professores, essa particular "atividade material humana". Ao realizarem tal atividade, a maioria das estudantes universitárias foi se transformando e se

APRENDER A ENSINAR

configurando como professoras em exercício inicial da docência. Pode-se afirmar que essas pessoas se tornaram pouco a pouco sujeitos, pois

> a realidade objetiva constitui o princípio e o fim da idéia. A princípio a idéia extrai seu conteúdo do mundo objetivo, depois, por meio da prática, esse conteúdo torna-se por si mesmo uma das formas concretas da realidade objetiva. Assim, a princípio, o objetivo muda a forma de sua existência, torna-se subjetivo, e só depois a atividade prática converte o subjetivo em objetivo. E isto é possível somente graças ao fato de ser a prática atividade material dos homens. Fora da interação prática, material, é impossível a transformação, seja do objetivo, seja do subjetivo em realidade objetiva. (Kopnin, 1978, p. 342)

Assim, buscou-se a unidade entre teoria e prática, entre o ideal e o real.

Esse exercício de análise da "atividade de aprendizagem" das estudantes universitárias representa um esforço de apreender um complexo objeto, que requer precisão analítica. Assim sendo, mesmo considerando que a "atividade de aprendizagem", como toda "atividade humana", é um processo dinâmico, optou-se, em alguns momentos, por "congelar" o movimento próprio desse fenômeno. O que aqui foi considerado como motivo, objetivos, ações e operações, enfim, a "atividade em si", num outro momento investigativo e em outro momento no desenvolvimento dos próprios sujeitos envolvidos na pesquisa, analisando, portanto, sob outro ângulo, necessariamente se constituirá de outra forma. Novamente concordando com Leontiev,

> no fluxo geral da actividade que constitui a vida humana nas suas mais altas manifestações (as que são mediadas pela reflexão mental), a análise identifica em primeiro lugar actividades separadas, de acordo com o critério da diferença dos motivos. Em seguida identificam-se os processos de acção que obedecem a fins conscientes, e finalmente, as operações que dependem imediatamente das condições para alcançar um fim específico. (1980, p. 56)

Prosseguindo, o autor ainda enfatiza que, por possuir um caráter dinâmico, ser um processo em constante transformação,

> a actividade pode perder o motivo que a provocou, e nesse caso transforma-se numa acção que realiza uma relação com um mundo provavelmen-

te muito diferente; reciprocamente, a acção pode adquirir uma força motivante independente e tornar-se uma variedade especial de actividade; e finalmente a acção pode ser transformada num meio de alcançar um fim capaz de realizar diferentes acções. (Leontiev, 1980, p. 57)

Ao se considerar a "atividade de aprendizagem" como uma particular "atividade humana", um objeto de estudo específico, um leque de conhecimentos se abre e a possibilidade de conhecer sua relação com a constituição do ser humano se amplia.

Desse modo, um dos movimentos ainda necessários parece ser o de conhecer, ao menos, alguns dos elementos que constituem o sentido e o significado da "atividade de aprendizagem" das estudantes universitárias.

5

Sentido e significado: elementos constitutivos da "atividade de aprendizagem"

> Se a sensitividade externa relaciona na consciência do sujeito as significações com a realidade do mundo objetivo, o sentido pessoal a relaciona com a realidade de sua própria vida dentro desse mundo, com suas motivações. O sentido pessoal é também o que origina a parcialidade da consciência humana. (Leontiev, 1983, p. 125)[1]

5.1 A formação do sentido

Considerando os elementos oferecidos pela História Natural, Leontiev (1978) assevera que todo animal, inclusive o homem, é capaz de atribuir sentido. Inicialmente, poder-se-ia dizer que este está restrito às condições biológicas. O autor descreve situações experimentais que

---

1. Na versão em espanhol do original russo lê-se: "Si la sensitividad externa relaciona en la conciencia del sujeto las significaciones con la realidad del mundo objetivo, el sentido personal la relaciona con la realidad de su propia vida dentro de ese mundo, con sus motivaciones. El sentido personal es también lo que origina la parcialidad de la conciencia humana". (Leontiev, 1983, p. 125)

evidenciam o comportamento de determinados animais e insetos quando colocados em circunstâncias relacionadas à obtenção de alimento. O comportamento destes animais e insetos se altera conforme a variação de tais circunstâncias, o que comprova a presença do "sentido biológico" nas situações analisadas. Assim, define como *"sentido biológico* da acção considerada", a "relação que existe entre a propriedade actuante (agente, estímulo) e a satisfação de uma necessidade biológica". (1978, p. 20) Afirma, ainda, que é com o desenvolvimento dos órgãos da sensibilidade e dos movimentos que surge o sistema nervoso, responsável pelos processos de ligações, dentre os quais, o acima mencionado.

O desenvolvimento do psiquismo, sendo produto do processo de adaptação dos animais no decorrer de sua existência, vem criando possibilidades aos mesmos de orientar-se no meio onde vivem. Possibilidades características de diferentes estágios de desenvolvimento, que ganham complexidade crescente. Na base desse processo está a sensibilidade elementar, seguida da percepção e, finalmente, do intelecto animal, que difere substancialmente da razão humana. É a atividade biológica e instintiva dos animais que confere os parâmetros para o desenvolvimento do psiquismo animal. Isso significa que a evolução biológica desempenha um papel determinante no desenvolvimento do psiquismo animal, enquanto nos seres humanos são as relações histórico-culturais que assumem este papel na constituição e desenvolvimento de seu psiquismo.

A primeira forma de psiquismo, sensorial elementar, funda-se na irritabilidade dos organismos diante de elementos exteriores na conservação e desenvolvimento de suas próprias vidas. Leontiev afirma que ao longo desse processo surge o "reflexo psíquico" — "aptidão dos organismos para reflectir as ações da realidade circundante nas suas ligações e relações objectivas". (1978, p. 19)

O segundo estágio do desenvolvimento do psiquismo animal, segundo Leontiev, denomina-se psiquismo perceptivo e "caracteriza-se pela atitude para reflectir a realidade objectiva exterior, não sob a forma de sensações elementares isoladas (provocadas por propriedades isoladas ou grupo de propriedades), mas sob a forma de reflexo de *coisas*". (1978, p. 39, grifo do autor) Atitude possível devido às intensas transformações anatômicas e fisiológicas conquistadas pelos indivíduos ao longo do processo de evolução das espécies animais. Tais transformações reorganizaram a função da memória, viabilizando a capacidade de formação de imagens das coisas, propiciando a diferenciação e generalização. Neste estágio, "a função mnemônica manifesta-se na esfera motriz sob a forma de hábitos motrizes e na esfera sensorial sob a forma de memória figurada primitiva". (Leontiev, 1978, p. 45)

O estágio do intelecto é o terceiro nível de desenvolvimento do psiquismo animal, conforme considera Leontiev. A análise do autor sobre esse novo estágio de desenvolvimento parte dos elementos encontrados nos conhecidos experimentos dos pesquisadores europeus Köhler e Bühler, publicados nos anos 1920 e 1930, sobre o comportamento dos símios.

Por decorrência da complexidade da atividade animal, diferentemente dos dois anteriores, porém conservando sua dimensão biológica como base, este novo estágio se processa em duas fases: a fase preparatória e a fase de realização. Para Leontiev, "é a existência de uma fase de preparação que constitui o traço característico do comportamento intelectual. O intelecto aparece, portanto, pela primeira vez, onde aparece um processo que prepara a possibilidade de realizar tal ou tal operação ou hábito". (1978, p. 56)

A partir desse momento, então, a capacidade de generalização está erigida. As analogias entre os objetos, que orientavam o comportamento até então, são incorporadas e superadas por operações orientadas por analogias das relações possíveis entre os objetos, o que possibilita, por sua vez, a formação de sistemas e não mais de coisas isoladas entre si. As relações estabelecidas são eminentemente físicas, temporais, espaciais, materiais, mecânicas, estando balizadas pela condição natural de existência dos referidos animais, que agem segundo as duas fases, citadas anteriormente, e ao mesmo tempo tais relações também balizam a referida condição. A relação entre o indivíduo e o grupo dessas espécies, bem como as relações que eles estabelecem entre as coisas e ações encontram-se delimitadas naturalmente. Apesar de haver, pelo menos, duas fases, a de preparação e a de execução, ambas estão relacionadas à superação de uma necessidade que é, sobretudo, de produção imediata da existência, uma necessidade imperativa posta pela atividade vital, a de manter-se vivo. O animal age sobre um determinado objeto, portanto, para suprir uma necessidade imposta pela atividade vital. Por sua vez, essa atividade será bem-sucedida quando resultar a superação de tal necessidade. Nesse caso, há uma relação imediata entre o que leva o animal a agir e o resultado de sua ação.

No caso do homem, no entanto, um novo elemento, considerado como um dos principais, é forjado e agregado por aquele, conferindo-lhe especificidade. O homem atinge um estado ao longo da filogênese, que o coloca em uma condição qualitativamente nova diante das demais espécies animais e de sua própria. Incorporando toda a contribuição do desenvolvimento das espécies, o homem assume a condição de transformar a natureza e a si próprio. Conquista a capacidade de fazer História, de produzir cultura, transforma-se em ser humano. Não deixando de pertencer a uma espécie animal, continua em desenvolvimento, porém no âmbito histórico-cultural, onde produz sua objetividade. "A objetividade do gênero humano é diferente da objetividade da espécie humana e a diferença reside justamente no fato de que o gênero humano possui uma objetividade social e histórica". (Duarte, 1993, pp. 100-122)

Segundo Leontiev,

> desde as primeiras etapas do desenvolvimento do indivíduo que a realidade concreta se lhe manifesta através da relação que ele tem com o meio; *razão por que* ele a percebe não apenas sob o ângulo das suas propriedades materiais e do seu sentido biológico, mas igualmente como um mundo de objectos que se descobrem progressivamente a ele na sua significação social, por intermédio da actividade humana.
>
> Isto constitui a base inicial sobre a qual se dá a aquisição da linguagem, a apropriação da comunicação verbal.
>
> Sem querer tratar aqui do que a palavra traz ao desenvolvimento psíquico (estão consagradas a isto milhares de páginas), gostaria simplesmente de sublinhar uma vez mais que, se bem que desempenhe um papel enorme e verdadeiramente decisivo, a linguagem nem por isso é o *demiurgo* do humano no homem. (1978, pp. 171-172, grifos do autor)

A relação entre um indivíduo e o grupo humano é qualitativamente diferenciada, visto que, superando a condição natural, o homem passa a relacionar-se coletivamente, de maneira intencional e pela mediação da linguagem.

É a ação de cada um e dos demais membros de uma coletividade que oferece sustentação material para a atuação de cada indivíduo e da coletividade. Assim sendo, o homem conquistou a capacidade de estabelecer nexos em suas ações e entre suas ações, relacionando aquilo que o leva a agir e aquilo para o qual sua ação se destina, ou seja, relacionando motivo,[2] objeto e objetivo de suas ações. Tais ações, por meio da tessitura de uma trama sensitiva,[3] passam a ser alçadas ao nível de atividade intrinsecamente coletiva e orientada a um fim, portanto, propriamente humana. "Com a acção, esta 'unidade' principal da actividade humana, surge assim 'a unidade' fundamental, social por natureza, do psiquismo humano, o sentido racional para o homem daquilo para que a sua actividade se orienta". (1978, p. 79)

Para elucidar esse salto qualitativo no desenvolvimento do psiquismo, mais especificamente a decomposição da atividade humana em ações de forma intencional, Leontiev (1978) apresenta-nos o exemplo da caçada. No exemplo, o autor relata as ações de diferentes membros de um grupo em uma atividade de caça. Uma das ações analisadas é a de batedor, função assumida por um deles, a qual consiste em afugentar a presa. Aparentemente, e tomando esta ação isoladamente, poder-se-ia concluir que a ação desse indivíduo não coincide com o motivo que o levou a agir — adquirir alimento para saciar a fome. Porém, analisando-a mais detalhadamente, o que o leva a agir, no caso, não é a necessidade de superação da fome, considerada do ponto de vista biológico. O

---

2. Assumimos, aqui, a conotação de motivo formulada por Leontiev (1978, p. 97), como designando "aquilo em que a necessidade se concretiza de objectivo nas condições consideradas e para as quais a actividade se orienta, o que a estimula".

3. Para Leontiev, as significações "unem entre si dois tipos de sensitividade; as impressões sensitivas da realidade exterior, dentro da qual transcorre a atividade, e as formas de vivência sensitiva de seus motivos, de satisfação ou não satisfação das necessidades encerradas nos ditos motivos". (1983, p. 125) Na versão em espanhol do original em russo lê-se: "unen entre sí ambos tipos de sensitividad: las impresiones sensitivas de la realidad exterior, dentro de la cual transcurre la actividad, y las formas de vivencia sensitiva de sus motivos, de la satisfacción o no satisfacción de las necesidades encerradas en dichos motivos". (1983, p. 125)

que o leva a agir é a capacidade do indivíduo perceber sua ação como objeto e relacioná-la com a de outros, como acuar o animal, abatê-lo, prepará-lo como alimento etc. Ela só terá sentido para ele, porque é capaz de compreendê-la na relação com as demais ações exercidas pelos outros membros da coletividade, como parte, portanto, de uma cadeia de outras ações, que, vinculadas entre si, dirigem-se ao objetivo de superação da necessidade de alimento, ou seja, dirigem-se à finalidade da caçada, da atividade coletiva na qual se empenha.

O surgimento da atividade humana coletiva oferece, dessa maneira, o suporte para que as ações individuais ocorram e se constituam como ações humanas. Portanto, pelo processo social o homem se torna um ser humano. Por esse processo, o homem torna-se capaz de produzir sentido, capaz de relacionar os motivos da atividade aos objetos das ações realizadas e aos objetivos que se pretende com a primeira. Para Leontiev, "de um ponto de vista psicológico concreto, este sentido consciente é criado pela relação objetiva que se reflecte no cérebro do homem, entre aquilo que o incita a agir e aquilo para o qual a sua acção se orienta como resultado imediato. Por outras palavras, *o sentido consciente traduz a relação do motivo ao fim*". (1978, p. 97, grifos nossos)

Essa mudança qualitativa da ação e das relações estabelecidas, não mais subordinadas à natureza, mas sim às condições histórico-sociais, reveste o psiquismo animal de um outro teor, um sentido racional e humano. "Esta é causa imediata que dá origem à forma especificamente humana de reflexo de realidade, a consciência humana". (Leontiev, 1978, p. 79)

Como a herança cultural não ocorre geneticamente, as novas gerações, para se tornarem seres humanos, necessitam se apropriar da objetivação social e histórica. Em outras palavras, o processo de adaptação conquistado pela espécie humana confere a cada novo ser a base material da existência, o faz homem. Mas o conteúdo e a forma da produção dessa existência, por ser social, histórica e cultural, irá exigir mais que a adaptação. Irá exigir a apropriação dos objetos produzidos, generalizados e materializados, por parte de cada um desses seres, que só ocorrerá pela mediação entre os demais indivíduos e tais objetos, possibilitando, portanto, sua humanização, sua constituição como seres humanos.

5.2 Sentido e significação

> A significação é a forma em que um determinado homem chega a dominar a experiência da humanidade, refletida e generalizada. (Leontiev, 1983, p. 225)[4]

O processo de significação é fundamental para a formação do ser humano, porque pela significação o homem se apropria da experiência humana generalizada por gerações. A significação é um processo eminentemente social, é uma elaboração histórico-cultural, portanto coletiva e viabilizada mediante a atividade humana em geral, ou seja, a atividade vital humana, aquela desenvolvida pelos homens na produção da sua própria existência como gênero humano. Dessa maneira, não deixa de ser também um fato da consciência individual, pois o indivíduo, como um ser sócio-histórico, é um ser que apreende o mundo por meio das interações sociais estabelecidas, que propicia a formação de seu pensamento, apropriando-se das significações produzidas por gerações que o precederam.

Nesta perspectiva, o bebê pode ser considerado um indivíduo "velho", pois inevitavelmente, desde sua concepção, desde seu nascimento, faz parte de um coletivo que existe há milhares de anos. Ao nascer, o bebê já encontra um sistema de significações dado historicamente, uma realidade que existe anteriormente à relação que ele [o bebê] possa vir a ter com esta última, mas que ao longo de sua vida poderá vir a transformá-la. Um sistema que irá ser apropriado por ele ao estabelecer relações sociais com os que o rodeiam, principalmente por meio da comunicação, da linguagem, umas das materializações desse sistema de significações. Esse sistema — sínteses históricas materializadas nos produtos da cultura, em especial nos objetos, nos conceitos verbais, no conhecimento, que vão conferir a possibilidade de desenvolvimento de operações lógicas de abstração, da apreensão da atividade externa, portanto, — irá promover o desenvolvimento da atividade interna, do pensamento e demais processos psíquicos. Daí a importância de compreensão do sistema de significações no âmbito da pesquisa educacional.

---

4. Na versão em espanhol do original russo lê-se: "La significación es la forma en que un hombre determinado llega a dominar la experiencia de la humanidad, reflejada y generalizada. (Leontiev, 1983, p. 225)

Para Leontiev,

a realidade aparece ao homem na sua significação, mas de maneira particular. A significação mediatiza o reflexo do mundo pelo homem na medida em que ele tem consciência deste, isto é, na medida em que o seu reflexo do mundo se apóia na experiência da prática social e a integra.

A minha consciência não reflecte uma folha de papel apenas como um objecto rectangular, branco, quadriculado ou como uma certa estrutura, uma certa forma acabada. A minha consciência reflecte-a como uma folha de papel, como *papel*. As impressões sensíveis que percebo da folha de papel refractam-se de maneira determinada na minha consciência, porque possuo as significações correspondentes; se não as possuísse, a folha de papel não passaria para mim de um objecto branco, rectangular etc. Todavia, e isto tem uma importância fundamental, quando eu percebo um papel percebo este papel real e não a significação "papel". Introspectivamente, a significação está geralmente ausente da minha consciência: ela refracta o percebido ou o pensado, mas ela própria não é conscientizada, não é pensada. Este facto psicológico é fundamental.

Assim, psicologicamente a significação é (...) o reflexo generalizado da realidade elaborado pela humanidade e fixado sob a forma de conceitos, de um saber ou mesmo de um saber-fazer ("modo de ação" generalizado, norma de comportamento etc.). (1978, p. 95-6, grifos do autor)

A linguagem é a forma, por excelência, de cristalização da significação. É a palavra que confere estabilidade às significações produzidas por diferentes gerações e culturas. "Sob a forma de significações lingüísticas, constitui o conteúdo da consciência social; entrando no conteúdo da consciência social, torna-se assim a 'consciência real' dos indivíduos, objectivando em si o sentido subjectivo que o reflectido tem para eles". (Leontiev, 1978, p. 94)

Há uma dualidade nas significações. Estas, segundo Leontiev (1983), são objetivas,

um produto da sociedade e como tal tem sua história no desenvolvimento da língua, no desenvolvimento das formas da consciência social; nelas se manifesta o movimento da ciência humana e de seus meios cognoscitivos, assim como das vivências ideológicas da sociedade: religiosas, filosóficas, políticas e outras. Neste, seu ser objetivo, elas se subordinam às leis histórico-sociais e, por sua vez, à lógica interna de seu desenvolvimento. (Leontiev, 1983, p. 121)[5]

A significação, portanto, tem um caráter objetivo, possui uma existência externa ao indivíduo. No entanto, quando se analisa o movimento deste na direção da apropriação da significação, um outro aspecto deve ser considerado, qual seja, a dimensão subjetiva, pessoal, que as significações passam a ter para o indivíduo: o *sentido pessoal*.

Para além dessa dimensão objetiva, manifestada pelas impressões da realidade exterior, no interior da qual se desenvolve a atividade humana, as significações também portam uma dimensão produzida pelo próprio indivíduo mediante um movimento interno à sua atividade e à sua consciência. Este movimento caracteriza-se pela relação entre motivo e objetivo que o indivíduo estabelece ao realizar a atividade vital humana. Para Leontiev, (1983) este movimento, denominado por ele como *"sentido pessoal"*, consiste naquela particular subjetividade que se manifesta na parcialidade que as significações adquirem para o sujeito na produção de sua própria vida. Apesar de o sentido pessoal não possuir uma existência acima dos indivíduos ou "não-psicológica", seu conteúdo não deixa de ter um vínculo originariamente histórico-cultural, uma vez que advém de um movimento interno, impelido pelo indivíduo, de transmutação das significações.

Sentido e significação da atividade vital humana inicialmente coincidiam na consciência primitiva. Estes dois elementos constitutivos da consciência separam-se à medida que as relações sociais de produção da existência humana adquirem complexidade e a organização da sociedade em classes torna-se uma realidade. Porém, é no próprio seio da formação social primitiva, ou seja, do regime das comunidades primitivas de produção, que as possibilidades dessa separação começam a se gerar.

---

5. Na versão em espanhol do original russo lê-se: "un producto de la sociedad y como tal tiene su historia en el desarrollo de la lengua, en el desarrollo de las formas de la conciencia social; en ellas se manifiesta el movimiento de la ciencia humana y de sus medios cognoscitivos, así como también de las vivencias ideológicas de la sociedad: religiosas, filosóficas, políticas y otras. En este, su ser objetivo, ellas se subordinan a las leyes histórico-sociales y a la vez, a la lógica interna de su desarrollo". (Leontiev, 1983, p. 121)

Na comunidade primitiva, o produto do trabalho constituía-se como coletivo, como uma propriedade coletiva. Esta condição revelava que tanto os meios como o produto do trabalho não pertenciam a uma única pessoa ou a uma classe. O produto e os meios de trabalho eram de todos, o que colocava todos em uma mesma condição social. Portanto, havia um significado subjetivo e um objetivo que eram comuns. "A propriedade colectiva colocava os homens em relações idênticas em relação aos meios e frutos da produção, sendo estes últimos, portanto, reflectidos de maneira idêntica na consciência individual e na consciência colectiva". (Leontiev, 1978, p. 114)

Os homens individualmente produziam valores de uso, bens que seriam apropriados socialmente e realizavam ações que formavam o sistema próprio da atividade vital humana. Havia um sentido próprio que se manifestava nessa atividade para cada um dos membros da coletividade e para a vida da coletividade. "Por este facto, as significações lingüísticas elaboradas socialmente que cristalizavam o sentido social objectivo dos fenômenos podiam igualmente constituir a forma imediata da consciência individual destes fenômenos". (1978, p. 114)

No entanto, esta estrutura da consciência, que Leontiev (1978) denominou de *formação primitiva integrada*, se transforma com o advento da propriedade privada e do desenvolvimento da divisão social do trabalho e torna-se *desintegrada*.

As novas relações sociais de produção alteraram e vem alterando as condições e as possibilidades de desenvolvimento da consciência, em especial de seus dois componentes básicos, o sentido e a significação.

A realidade exterior, por se constituir sócio-historicamente, vem sofrendo transformações, o que acarreta alterações também na relação motivos e objetivos da atividade vital humana, configurando, dessa forma, um descompasso entre o sentido pessoal e as significações. Leontiev afirma que

> (...) para o próprio sujeito, a conscientização e a conquista de objetivos concretos, o domínio de meios e operações é, enquanto ação, uma forma de afirmar sua vida, de satisfazer e desenvolver suas necessidades materiais e espirituais, objetivadas e transformadas nos motivos de sua atividade. (...) sua função, do ponto de vista da consciência, consiste em "valorar" em certo sentido a significação vital que têm para o sujeito as

APRENDER A ENSINAR

circunstâncias, que lhe conferem um sentido pessoal que não coincide diretamente com a compreensão de sua significação objetiva. Diante de determinadas condições, a não-coincidência dos sentidos e as significações na consciência individual pode lhes dar um caráter verdadeiramente alheio e inclusive de mútua contraposição, entre os sentidos e as significações. (1983, p. 123)[6]

Os sentidos, diante das condições impostas pela sociedade organizada em classes, podem não conseguir estabelecer um elo que proporcione a transmutação adequada das significações objetivas. Desse modo, estas passam a ser alheias ao indivíduo. Um exemplo é o sentido pessoal que um trabalhador, submetido às condições assalariadas de produção de sua existência, atribui à sua atividade vital humana. Para produzir sua existência, ele realiza uma gama de ações para a produção dos mais variados objetos materiais ou ideais, mas o que o leva a agir, a realizar cada uma das ações necessárias de seu trabalho cotidiano, é a promessa que mensalmente receberá um salário, e principalmente, que com ele buscará reproduzir sua vida, ainda que de forma precária, como é freqüente no capitalismo. Da mesma forma, quem compra sua força de trabalho, não está interessado apenas nas ações que tal trabalhador poderá vir a realizar no processo de trabalho, mas sim na acumulação de capital que será proporcionada. Este pode ser o sentido atribuído pelo capitalista. O indivíduo, nessa organização social, passa a agir, então, a partir de posições sociais em conflito e não apenas impelido pelas significações — trabalhar para produzir valores de uso ou bens comuns que serão apropriados coletivamente. Essa situação acarreta igual condição conflituosa na relação entre motivos e objetivos no movimento

---

6. Na versão em espanhol do original russo lê-se: "(...) para el propio sujeto, la concientización y lo logro de objetivos concretos, el dominio de medios y operaciones es en cuanto a la acción una forma de afirmar su vida, de satisfacer y desarrollar sus necesidades materiales y espirituales, objetivadas y transformadas en los motivos de su actividad. (..) su función, desde el punto de vista de la conciencia, consiste en 'valorar' en cierto sentido la significación vital que tienen para el sujeto las circunstancias, le confieren un sentido personal que no coincide directamente con la comprensión de su significación objetiva. Ante condiciones determinadas, la no-coincidencia de los sentidos y las significaciones en la conciencia individual puede darles un carácter verdaderamente ajeno e incluso de mutua contraposición, entre los sentidos y las significaciones". (Leontiev, 1983, p. 123)

interno da consciência individual. Os sentidos resultam, portanto, do confronto entre os significados e as vivências pessoais do indivíduo.

> Em forma de vivências, a consciência se manifesta para o sujeito de maneira direta. Por isso, em si, as vivências de interesse, tédio, desejo ou remorso não revelam sua natureza ao sujeito; ainda que pareçam ser forças internas que orientam a atividade do sujeito, sua função real consiste em levar ao sujeito a fonte real delas mesmas, em matizar o sentido pessoal que têm para ele os acontecimentos mediante os quais transcorre sua vida e o impelem a deter por um instante o fluxo de sua atividade dinâmica, para analisar a escala de valores sociais em que ele se desenvolve, para encontrar-se nesses valores ou, quiçá, para fazer uma reconsideração deles. (Leontiev, 1983, pp. 128-129)[7]

As significações são, portanto, geradoras de sentido, ao mesmo tempo em que o constituem, pois, sendo uma das zonas do sentido, medeiam a relação entre homem e sua consciência no desempenho da prática social realizada por ele. "O desenvolvimento dos sentidos é um produto do desenvolvimento dos motivos da atividade. [Desse modo] a consciência como relação não é outra coisa senão o sentido que a realidade que se reflete na sua consciência tem para o homem". (Leontiev, 1983, p. 230)[8]

Do ponto de vista ontogenético, em determinados períodos no desenvolvimento do homem, há também uma não coincidência entre sentido e significação elaborados pelo adulto e pela criança, especialmente quando se trata do sentido e do significado da palavra. Conforme Duarte, "para Vigotski, a unidade de análise da linguagem, com sua

---

7. Na versão em espanhol do original russo lê-se: "En forma de vivencias, la conciencia se manifiesta para el sujeto de manera directa. Por eso, en sí, las vivencias de interés, tedio, deseo o remordimiento no revelan su naturaleza al sujeto; aunque parecen ser fuerzas internas que orientan la actividad del sujeto, su función real consiste en llevar al sujeto a la fuente real de las mismas, en matizar el sentido personal que tienen para él los acontecimientos ante los cuales trascurre su vida y lo impelen a detener por un instante el flujo de su actividad dinámica, para analizar la escala de valores sociales en que él se desenvuelve, para encontrarse en esos valores o, quizás, para hacer una reconsideración de ellos". (Leontiev, 1983, pp. 128-129)

8. Na versão em espanhol do original russo lê-se: "El desarrollo de los sentidos es un producto de del desarrollo de los motivos de la actividad. [Desse modo] la conciencia como relación no es otra cosa que el sentido que tenga para el hombre la realidad que se refleja en su conciencia". (Leontiev, 1983, p. 230)

dupla função, comunicativa e meio do pensamento, deveria ser o significado da palavra". (2000, p. 164)

Assim, é na obra de Vigotski, especialmente nos escritos de 1934, *Pensamento e Linguagem*, que podem ser encontrados elementos explicativos desse fenômeno.

Ao abordar essa temática, o autor parte das contribuições teóricas do lingüista Paulham e tece sua análise sobre a formação da linguagem interior (ou do discurso interno, como consta nas primeiras publicações em português, no Brasil) e sua relação com o desenvolvimento do indivíduo. Desse modo, a diferenciação entre sentido e significado de uma palavra se apresenta. SegundoVigotski,

> o sentido de uma palavra é a soma de todos os fatos psicológicos que ela desperta em nossa consciência. Assim, sentido é sempre uma formação dinâmica, fluída, complexa, que tem várias zonas de estabilidade variada. O significado é apenas uma das zonas do sentido que a palavra adquire no contexto de algum discurso e, ademais, uma zona mais estável, uniforme e exata. (2001, p. 465)

Para os pesquisadores espanhóis Alvarez e Del Rio, Vigotski se preocupou "mais com o *sentido* das palavras do que com seu significado, porque o sentido incorpora o significado da representação e o significado da atividade conjuntamente. Um significado é, assim, mais uma ação mediada e interiorizada (re-presentada) do que uma idéia ou representação codificada em palavras, no ato de escrever no exame". (1996, p. 87, grifos dos autores) Desse modo, o significado estará sempre relacionado à atividade desempenhada socialmente e será materializado em palavras que, ao longo do desenvolvimento da atividade do sujeito, dele próprio e de seus processos psicológicos, irão ganhando complexidade e se transformando em conceitos.

O significado de uma palavra para a criança, de acordo com Vigotski, se forma pela percepção que esta possui das coisas e do mundo que a rodeia, constituindo-se como resultado de

> uma elaboração em dois passos: primeiro se formam as agrupações sincréticas e, em continuidade, se tomam alguns elementos isolados dessas agrupações para voltar a os unir sincreticamente. O significado da palavra da criança não se limita agora a um plano unidimensional, mas se

amolda a uma perspectiva bidimensional, uma dupla série de conexões, uma dupla estrutura de grupos. Sem dúvida, esta dupla série e esta dupla estrutura não se situam, ainda, por cima da formação de uma coleção desordenada ou, simplesmente, de um agrupamento. (Vygotski, 1982, p. 137)[9]

Esse momento é considerado como a primeira fase do desenvolvimento da formação dos conceitos. A atividade interna da criança adquire outra qualidade. Até então a atividade interna infantil se realizava por meio de processos psicológicos elementares, basicamente pela senso-percepção, levando a criança a representar a realidade de maneira imediata, como singularidades absolutas e fixadas no tempo, no "aqui e agora". Por meio das relações intrapsíquicas, das interações entre os adultos, outras crianças e os objetos materializados ou idealizados, a criança torna-se capaz de operar em uma dimensão mais complexa, buscando, pela análise e síntese, estabelecer conexões entre tais pessoas e objetos. A atividade intrapsíquica da criança transforma-se e continua em desenvolvimento.

Na fase seguinte, tal atividade possibilita que a criança forme sua representação da realidade por complexos, não mais por agrupações sincréticas. A criança conquista a capacidade de estabelecer nexos entre situações e generalizá-las. Porém, ainda persiste o vínculo concreto-visual entre as conexões que sustentam tais generalizações.

As palavras da criança coincidem com as do adulto em sua atribuição aos objetos, ou seja, designam os mesmos objetos, têm os mesmos referentes, mas não coincidem em seus significados.

Esta coincidência em relação ao objeto e não em relação ao significado da palavra, que temos apontado como a principal característica do pensamento infantil por complexos, não é uma exceção, mas sim a regra no desenvolvimento da língua. Resumindo a descoberta mais importante de nossas investigações: a criança pensa nos mesmos objetos que o adul-

---

9. Na versão em espanhol do original russo lê-se: "una elaboración en dos pasos: primero se forman las agrupaciones sincréticas y, a continuación, se toman algunos elementos aislados de esas agrupaciones para volver a unirlos sincréticamente. El significado de la palabra del niño no se encierra ahora un plano unidimensional, sino una perspectiva bidimensional, una doble serie de conexiones, una doble estructura de grupos. Sin embargo, esta doble serie y esta doble estructura no se sitúan aún por encima de la formación de una colección desordenada o, simplemente, de un agrupamiento". (Vygotski, 1982, p. 137)

APRENDER A ENSINAR   159

to como significado da palavra, graças ao qual resulta possível a compreensão mútua, mas pensa esse conteúdo de outro modo, com ajuda de operações intelectuais diferentes. (Vygotski, 1982, p. 159)[10]

Nesta perspectiva, pode-se afirmar que o adulto e a criança conseguem atribuir uma denominação comum aos objetos e/ou situações e isto possibilita a comunicação entre ambos. A denominação de um objeto e sua qualificação são aspectos importantes para a formação do significado, segundo Vygotski. Inicialmente a palavra tem uma função nominativa, indicadora, que a relaciona a uma dada realidade perceptiva. Nesse momento do desenvolvimento ontogenético, a função da palavra como signo, como instrumento psicológico ainda não se formou. "A palavra não é signo do significado relacionado com ele na ação do pensamento, mas sim o signo sensorial do objeto, ligado associativamente a outra percepção".[11] Vigotski prossegue elucidando o movimento: "a criança e o adulto, que se entendem quando pronunciam a palavra 'cão', vinculam essa palavra a um mesmo referente, tendo em vista um único conteúdo concreto, embora, neste caso, um conceba um complexo concreto de cães e outro um conceito abstrato de cão". (2001, p. 217)

Inicialmente a formação dos significados pela criança pauta-se por processos elementares e com seu desenvolvimento formam e passam a ser formados pelos processos psicológicos superiores, como a memória, atenção, discriminação, comparação, abstração, adquirindo graus de generalização mais elaborados e chegando ao ápice da constituição dos conceitos propriamente ditos. Do ponto de vista psicológico, afir-

---

10. Na versão em espanhol do original russo lê-se: "Las palabras del niño coinciden con las del adulto en su atribución a los objetos, es decir, que señalan los mismos objetos, tienen los mismos referentes, pero no coinciden en sus significados.

Esta coincidencia en cuanto al objeto y no en cuanto al significado de la palabra, que hemos descubierto como la principal característica de pensamiento infantil en complejos, no es una excepción, sino la regla en el desarrollo de la lengua. Resumiendo el hallazgo más importante de nuestras investigaciones, el niño piensa en los mismos objetos que el adulto como significado de la palabra, gracias a lo cual resulta posible la comprensión mutua, pero piensa ese contenido de otro modo, con ayuda de operaciones intelectuales diferentes." (Vygotski, 1982, p. 159)

11. Na versão em espanhol do original russo lê-se: "(...) la palabra no es en este caso el signo del significado relacionado con él en la acción del pensamiento, sino el signo sensorial del objeto, ligado asociativamente a otra percepción". (Vygotski, 1982, p. 162)

ma Vigotski, o "conceito é um ato de generalização". (2000, p. 246) Nele reside o que possa existir de mais abstrato de um referente, o que lhe é essencial, substantivo, e que possa ser compreendido universalmente de forma mediada, sem a referência imediata, empírica àquilo que se refere. O conceito passa a ser produto das operações lógicas em torno do referente, pois é produto do desenvolvimento dos processos psicológicos enraizados nas relações sociais estabelecidas pelo sujeito, o qual formula e opera conceitos em um dado contexto histórico-cultural.

Dessa maneira, como produtos do processo de internalização da atividade humana externa, os conceitos podem ser considerados como um dos principais elementos constitutivos da atividade interna dos seres humanos, que, se colocada em movimento, tem a possibilidade de se encontrar em desenvolvimento constante. O desenvolvimento da formação de novos conceitos apóia-se em conceitos já formulados e naqueles que vão sendo elaborados pelo homem a cada situação de conhecimento da realidade com a qual se defronta.[12] Para Vigotski o desenvolvimento dos conceitos é parte do desenvolvimento da linguagem. "Em termos psicológicos, o desenvolvimento dos conceitos e o desenvolvimento dos significados da palavra são o mesmo processo apenas com nome diferente". (2000, p. 268)

Concordando com o autor, pode-se concluir que o processo de significação da palavra desenvolve-se com uma riqueza de detalhes, aspectos e processos psicológicos que, imbricados, configuram uma complexidade crescente. Principalmente por isso, a escola deveria ensinar à criança não a experiência imediata, o que ela tem diante de seus olhos, mas sim oferecer acesso a instrumentos materiais e desenvolver instrumentos psicológicos que permitam operar logicamente com conceitos, para que possa atingir a compreensão e transformação da realidade e de si própria, como mais um novo ser humano. Acrescentando, a escola deveria educar os sentidos que as crianças possam e necessitam formar.

---

12. Vigotski em seu livro *A construção do Pensamento e da Linguagem* (2001) analisou detalhadamente a formação dos conceitos, diferenciando os espontâneos dos científicos, bem como enfatizando a importância deles para o desenvolvimento humano. Assim, recomenda-se particularmente a leitura dos seguintes capítulos do referido livro: "*Estudo experimental do desenvolvimento dos conceitos*" e "*Estudo do desenvolvimento dos conceitos científicos na infância*".

Em continuidade a esse esforço iniciado por Vigotski, o psicólogo russo Alexandr Romanovich Luriá desenvolve suas investigações sobre a relação entre pensamento e linguagem. Para esse pesquisador, há inúmeras acepções de significado e sentido.

Luriá, de maneira análoga a Leontiev e Vigotski, também compreende significado como uma produção histórica, fruto das relações sociais estabelecidas pelo homem, objetivada na palavra. Contudo, como em suas investigações focaliza mais detalhadamente a relação entre a linguagem e o pensamento, similarmente a Vigotski, mas não de forma idêntica, Luriá irá centrar sua análise no significado da palavra. Assim, o autor define significado como "um sistema estável de generalizações, que se pode encontrar em cada palavra, *igualmente para todas as pessoas*. Este sistema pode ter diferente amplitude de alcance dos objetos por ele designados, mas sempre conserva um 'núcleo' permanente, um determinado conjunto de enlaces". (2001, p. 45, grifos do autor)

O autor também destaca que há diferença conceitual entre significado e sentido. Segundo Luriá, sentido é "o *significado individual da palavra*, separado deste sistema objetivo de enlaces. Este [sistema] está composto por aqueles enlaces que têm relação com o momento e a situação dados". (2001, p. 45, grifos do autor)

Novamente como Vigotski e Leontiev, Luriá compreende que o sentido está relacionado com as vivências afetivas dos sujeitos, portanto admite a dimensão subjetiva dessa generalização, que ganhará colorido especial ao longo do desenvolvimento de cada ser. Uma pessoa diante de uma determinada situação forma o sentido a ser atribuído a uma palavra dentre as possibilidades de que dispõe, segundo as condições histórico-culturais dadas.

O sentido de "corda", por exemplo, para um equilibrista em um espetáculo circense pode ser o suporte de suas ações e para quem está assistindo pode representar o limite do desafio apresentado. Em um outro exemplo, duas outras pessoas — um operário da construção civil e um vendedor — ao evocarem a palavra "corda" em uma situação de compra e venda dessa mercadoria, podem atribuir sentidos diferentes ao mesmo objeto, sem perderem, entretanto, o significado da palavra, possibilitando o entendimento comum a que se refere, portanto, a comunicação. Além disso, podem também ter partido de motivos diferentes, atingindo objetivos igualmente distintos em suas ações, mas sem perderem o sentido próprio que cada um elaborou, porque o sentido envolve o significado da palavra e o sentido da atividade dos sujeitos que a desempenham. "A palavra passa a ser assim um fator excepcional que dá forma à atividade mental, aperfeiçoando o reflexo da realidade e criando novas formas de atenção, de memória e de imaginação, de pensamento e de ação". (Luria e Yodovich, 1985, p. 11)

Nesta direção, pode-se concluir que o significado se refere à representação, elaborada social, histórica e culturalmente, da realidade humana compartilhada entre os seres humanos no seu processo de objetivação e consubstanciada, especialmente, na linguagem. Por isso, o significado possibilita a concretização do sentido, de forma semelhante à que ocorre na relação entre motivo e objetivo. E o sentido estará sempre vinculado ao significado individual da generalização, materializada ou idealizada, da atividade vital humana, que pode também ser consubstanciado na palavra. Portanto, o sentido estará vinculado ao motivo e ao objeto da atividade de quem a desempenha sob determinadas condições objetivas histórico-culturais, e unirá afetividade e intelecto.

Mas, como Leontiev (1983) já perguntou, qual o lugar e o papel que as significações ocupam no processo de constituição psicológica do homem?

As significações possibilitam concreticidade aos sentidos, pois são o reflexo da realidade e a mediação entre o homem e sua consciência, ao mesmo tempo em que a constituem. "A significação é a forma em que um determinado homem chega a dominar a experiência da humanidade, reflexionada e generalizada". (Leontiev, 1983, p. 225)[13] Assim, a importância das significações reside nesta capacidade adquirida pelo homem em apreender o mundo no qual se insere e pelo qual se constitui, por meio da prática social que estabelece. Aqui não caberia uma relação direta de causa e efeito, mas um entendimento de que a atividade vital humana é um sistema de relações constituídas e constituintes dos seres humanos, que possibilita o surgimento e o desenvolvimento das capacidades humanas, dentre elas, a consubstanciação da experiência humana na forma de representações do mundo, fixadas na linguagem e

---

13. Na versão em espanhol do original em russo lê-se: "La significación es la forma em que um hombre determinado llega a dominar la experiencia de la humanidad, reflejada y generalizada". (Leontiev, 1983, p. 225)

APRENDER A ENSINAR   163

compartilhadas socialmente — as significações. Estas significações, sendo apropriadas por gerações, vão se alterando conforme vão ocorrendo as transformações histórico-culturais ao longo da atividade vital humana e conforme os sentidos atribuídos pelo homem a esta atividade.

O que se busca, portanto, é criar as possibilidades históricas para que se torne viável, ainda que episodicamente, a coincidência entre o sentido e significado da atividade vital humana, viabilizando, dessa forma, momentos de reintegração da consciência.

Isso é possível por uma determinada educação dos sentidos e por um ensino de significados que possam proporcionar aos homens o acesso a instrumentos materiais e o desenvolvimento de instrumentos psicológicos para a compreensão e transformação da realidade na perspectiva de sua humanização, propiciando que eles possam também se compreender e se humanizar. Concordando com Leontiev (1983),

> o sentido que adquire para a criança o objeto de suas ações didáticas, o objeto de seu estudo, é determinado pelos motivos de sua atividade didática. Esse sentido também caracteriza a aprendizagem consciente de conhecimentos pela criança. Portanto, não basta com que assimile a significação do objeto dado, quer o faça de modo teórico ou prático; além disso, é necessário que na criança se produza uma relação adequada com respeito ao estudado, é necessário educá-la nessa relação. Somente se essa condição for satisfeita, os conhecimentos adquiridos se converterão, para ela, em conhecimentos vivos, serão 'órgãos de sua individualidade' genuínos e, por sua vez, determinarão sua relação com mundo. (1983, p. 246)[14]

Há que se criar, portanto, as condições objetivas e subjetivas necessárias para se erigir uma escola que garanta o fluir de conhecimentos vivos. E uma delas pode ser voltar a atenção para a relação entre o

---

14. Na versão em espanhol do original em russo lê-se: "El sentido que adquiere para el niño el objeto de sus acciones didácticas, el objeto de su estudio, se determina por los motivos de su actividad didáctica. Este sentido también caracteriza el aprendizaje consciente de conocimientos por el niño. Por lo tanto, no basta con que asimile la significación del objeto dado, indiferentemente de que lo haga en forma teórica o práctica, es necesario además, que en él se produzca una relación adecuada con respecto a lo estudiado, es necesario educarlo en esa relación. Sólo si se satisface esa condición, los conocimientos adquiridos se convertirán para él, en conocimientos vivos, serán 'órganos de su individualidad' genuinos y, a su vez, determinarán su relación respecto del mundo". (Leontiev, 1983, p. 246)

sentido e o significado das atividades realizadas e dos conhecimentos que são veiculados nessa instituição.[15]

5.3 Sentido e significado na "atividade de aprendizagem" em formação

Apreender o sentido pessoal e a significação da prática de ensino na "atividade de aprendizagem" das estudantes de Pedagogia da UFSC, em uma singularidade de formação universitária, requereu necessariamente que fossem consideradas várias mediações, e dentre elas destaca-se a linguagem.

Há diferenças entre o sentido pessoal e o significado social da atividade, seja qual for, e o sentido pessoal e o significado da palavra. Estas são duas das múltiplas dimensões humanas. No caso da presente análise, o que se pretendeu foi buscar compreender os elementos constitutivos do sentido e do significado da prática de ensino na "atividade de aprendizagem" para as referidas estudantes. E, para tanto, fez-se necessária a mediação da linguagem, configurando esse movimento de apreensão em um complexo âmbito de sucessivas aproximações do que se almejava compreender.

Assim, a manifestação do sentido e do significado da prática de ensino na "atividade de aprendizagem" das referidas estudantes foi objetivada nas práticas discursivas, como vimos, por meio das entrevistas e textos escritos pelas estudantes. É pela palavra que a atividade humana é representada, sintetizada. Contudo, a palavra não é apenas uma convenção social, um processo de codificação, mas é a internalização de algo que já foi "apresentado" ao indivíduo mediante determinadas condições histórico-culturais.

> Em todo ato de fala, a atividade mental subjetiva se dissolve no fato objetivo da enunciação realizada, enquanto que a palavra enunciada se sub-

---

15. Atentos a essa relação e analisando as condições do trabalho docente na sociedade capitalista, pesquisadores brasileiros trazem em seus estudos substratos que podem ser entendidos como contribuições para essa escola e para esse processo de desenvolvimento humano, uma e outro querendo-se presentes e vivos. Nesta perspectiva, vale conferir especialmente Martins (2001); Marin (2003); Basso (1994); Neves (1997); Mortari (1990); Fernandes (2000); Faustinoni (1995).

jetiva no ato de descodificação que deve, cedo ou tarde, provocar uma codificação em forma de réplica. Sabemos que cada palavra se apresenta como uma arena em miniatura onde se entrecruzam e lutam os valores sociais de orientação contraditória. A palavra revela-se, no momento de sua expressão, como o produto da interação viva de forças sociais.

É assim que o psiquismo e a ideologia se impregnam mutuamente no processo único e objetivo das relações sociais. (Bakhtin, 1988, p. 66)

A palavra, ao ser produto das relações humanas, portanto algo material, externo, é, ao mesmo tempo, a unidade de sentido para a organização da atividade interna do indivíduo. Segundo Leontiev, o sentido, como mencionado anteriormente, é sempre o sentido de algo e se refere sempre a um objeto material ou espiritual. A formação do sentido, para o autor, ocorre entre o motivo e o objetivo da atividade do indivíduo. Por isso, o sentido tem mais vida e é mais amplo do que significado. Já o significado é uma das zonas de sentido da própria palavra e, conseqüentemente, da atividade humana. Assim, considera o autor, a atividade humana está voltada, dirigida para um objeto, que define seu conteúdo, e terá sentidos e significados condizentes ao contexto histórico-cultural do qual seu sujeito é produto e produtor.

Da mesma forma, se a palavra for compreendida como uma representação do real, da atividade humana, ela será compreendida também como uma dinâmica zona instável de produção de significado, produzida pelo indivíduo na produção de sua existência. Assim sendo, irá depender sempre do contexto no qual o indivíduo está inserido.

Considerando o exposto e procurando apreender os elementos que constituem o sentido e o significado da prática de ensino na "atividade de aprendizagem" das estudantes universitárias, constatou-se uma regularidade no conteúdo das entrevistas, dos textos e nos registros das observações realizadas durante o exercício da prática de ensino, ocorrido ao longo do período determinado. Tal regularidade refere-se ao momento em que foi exigida a escrita da antecipação das ações que as estudantes iriam realizar com as crianças. Isso se deu a partir de um contato inicial com essas mesmas crianças, do acesso a elementos históricos e metodológicos vinculados à relação institucional entre a universidade e o MST, dos elementos constitutivos do ser criança, dos princípios filosóficos e pedagógicos da proposta de educação do MST e das interações com os professores para a eleição dos temas, seleção e organização dos conteúdos escolares a serem abordados. Houve resistências das estudantes universitárias à efetivação dessas ações e desconforto diante de uma exigência posta pela professora universitária, antes que as mesmas entrassem em sala de aula para o exercício da prática de ensino. Tal exigência dizia respeito à formulação escrita, sob a forma de projetos de ensino, da antecipação das ações relacionadas às situações de ensino que as estudantes proporiam às crianças. Afinal, seria por meio dessa produção que se materializariam os objetivos, os conteúdos programáticos a serem abordados, os procedimentos didáticos e processo de avaliação dos estudantes das escolas que seria desencadeado — elementos necessários a qualquer "atividade de ensino", ainda mais quando a prática de ensino é o conteúdo de aprendizagem daqueles que estarão frente a frente das crianças, assumindo a direção do ensino.

Além das dificuldades, que se situavam no âmbito do exercício da convivência, especificamente do exercício de valores como solidariedade, companheirismo, respeito e tolerância, como já abordado, as estudantes, ao desenvolverem as ações que haviam antecipado, se depararam com uma série de dificuldades, tais como: o desenvolvimento do processo de avaliação; a distribuição das ações no tempo; organização do material a ser utilizado; a elaboração das atividades de ensino, que partiam de objetivos previamente definidos na direção de proporcionar que a apropriação de determinados conhecimentos se efetivasse, como, por exemplo, aqueles relacionados à formação de leitores e escritores; e o desempenho do papel que impunha a nova condição, a de ser professora, desencadeando, segundo os depoimentos, o medo de enfrentar as crianças.

O movimento de se depararem com tais dificuldades parece ter possibilitado às estudantes a formação do sentido pessoal das ações propostas, relacionadas ao exercício da prática de ensino. Reconhecer as dificuldades e buscar formas de superação, pelas interações com os professores, com os colegas, com textos e consigo mesmas (se é possível se referir desse modo ao movimento de auto-avaliação e reflexão sobre o que haviam pensado, projetado e realizado), se tornou o caminho de explicitação dos motivos e dos objetivos da atividade que estavam desempenhando. Ao relacionarem os motivos que as levaram para lá e os objetivos que tinham com os próprios projetos, recuperaram o sentido de suas ações e criaram novos sentidos à prática de ensino nas "atividaᵈ

APRENDER A ENSINAR

des de aprendizagem" que estavam desenvolvendo. Uma das estudantes, em entrevista, ao comentar especialmente as dificuldades encontradas no exercício da prática de ensino, explicita a não-coincidência do motivo que a levou a optar pela ida às escolas vinculadas ao MST e o objetivo da disciplina universitária:

> Foi legal, mas eu acho que naquela época estava aflorando uma pessoa que queria ser uma professora, não aquela professora que ficasse mandando os alunos calarem a boca, eu acho que era isso que eu queria deixar aflorar, aquele aluno que não existe, e eu incorporei isso, mas eu vi que o meu comportamento também era de um professor que parece que não existe.
>
> Pergunta: Por quê?
>
> Porque não existe o aluno que eu estava pensando que existia. Não sei se não vai ser muito sonhador o que eu vou falar, e eu não quero confundir com autoritarismo, mas a imagem, talvez porque eu tenha, de o professor entrar na sala e falar bom-dia, boa-tarde, e falar vamos tirar o caderno tal, e o aluno deveria tirar o caderno, mas você perde uns 15 minutos chamando a atenção para que ele faça algo realmente importante. Mas quando eu fui fazer o estágio, achei que iria encontrar isso ou que eu poderia me comportar assim, ou se usasse um tom de voz mais baixo, não sei. Mas a minha postura foi de uma coisa que não existe. Aquele lance de domínio de turma que até hoje não me desce muito pela garganta. O que é ter domínio de turma? "Você não domina a turma", eu tenho até hoje guardado a avaliação do professor. Eu olho pra aquilo que diz assim: "insegura, não fecha o assunto etc." Tudo que uma pessoa inexperiente não precisaria ouvir, porque no seu íntimo já sabe; eu tenho guardado até hoje a avaliação do Edson, eu olho e aquilo me marcou bastante, porque eu achava que não era daquele jeito, que eu podia ser melhor. Mas como eu estava, assim, num turbilhão, não sei muito bem o que estava acontecendo comigo naquela época, mas acho que não era o momento de estar aprendendo aquilo. Então eu fui, mas não estava pronta.
>
> Pergunta: Por quê? O seu motivo era estar conhecendo o MST e não necessariamente exercitando o ensino?
>
> Eu acho que era isso, acho que foi isso que aconteceu, por isso o desencontro do motivo com o objetivo da disciplina. (Silvana)

Por certo, outros aspectos podem ser destacados nesse depoimento, como a necessidade que os professores têm do exercício do poder, que poderia relacionar-se à expressão "domínio de classe" utilizada no registro da avaliação e freqüentemente presente no vocabulário do senso comum do magistério. Essa expressão pode denotar também a necessidade manifestada pelo professor de que a estudante explicitasse seus objetivos em sala de aula ou até mesmo que, ao tratar de determinados temas com as crianças, ela recorresse às habilidades ainda não-desenvolvidas. Cabe lembrar que essa estudante compôs a primeira turma e devido aos limites da organização inicial do ensino fora da universidade não foi possível a permanência nos assentamentos em um período de tempo suficiente para que tais habilidades fossem, de fato, desenvolvidas, tampouco que a "atividade de aprendizagem" se efetivasse satisfatoriamente diante das exigências postas.

Outras estudantes entrevistadas manifestaram, de forma genérica, o sentido da prática de ensino na "atividade de aprendizagem", como uma grande experiência de vida ou ainda como a descoberta da profissão docente, na acepção de que é necessária a apropriação de conhecimentos específicos, relacionados aos conteúdos escolares, aos procedimentos didáticos, ao posicionamento político em suas ações, enfim de elementos próprios de uma particular atividade humana. Ao fazer isso, as estudantes oferecem indícios de que não houve ruptura entre sentido e significado das ações desempenhadas para a efetivação da "atividade de aprendizagem" da prática de ensino voltada às crianças.

O sentido, tal como o significado, vai se formando e se transformando à medida que o sujeito da atividade vai produzindo sua existência, e essa produção é sempre social. No caso específico dessa última estudante, o fato de ter explicitado sua relação com o objeto e ao mesmo tempo com o instrumento de sua atividade — o planejamento das situações de ensino — parece evidenciar a premissa marxista, já referida, de que o homem se produz ao produzir sua existência. O depoimento parece denotar também que a estudante, ao deparar-se com problemas práticos e teóricos a serem resolvidos, atribui um sentido à sua atividade que não se distancia do significado social da atividade de "ser professora", especialmente quando a estudante se refere à relação entre o que fez — re-planejar as situações de ensino, avaliar diariamente o que foi realizado — e o "real".

Portanto, tais estudantes manifestaram indícios que podem revelar que estabeleceram elos, nexos entre o sentido pessoal e o significado social da "atividade de ser professora" historicamente dado. E isso pa-

APRENDER A ENSINAR 169

recia se manifestar de uma forma fragmentada, não sistematizada ao longo do curso. Ao evocar mnemonicamente esses dados, parece que elos de significação pessoal, referentes à "atividade de ser professora", vão se formando com maior consistência. Ao internalizar novos significados pela produção social, no caso pela "atividade de aprendizagem" da prática de ensino, novos sentidos também vão se formando. Foi por meio da relação social estabelecida, dos momentos formalizados na organização do ensino universitário proposto, que as estudantes puderam manifestar a intencionalidade de suas ações, as quais, encadeadas entre si, constituíram sua "atividade".

As significações com as quais as estudantes se depararam no exercício da prática de ensino traziam a síntese histórica da cultura da escola e da cultura escolar. Ocupando o lugar social de estudantes, desde anos anteriores ao ingresso à universidade, viam o ensino a partir desta condição social. Inicialmente o sentido pessoal atribuído originava-se da experiência escolar vivida, nessa condição de estudante. Ao ingressarem no curso de Pedagogia, ao estudarem o ensino como um fenômeno e se apropriarem de outros conhecimentos, tanto a significação como o sentido parece que se modificaram. O processo de apreensão do referido fenômeno pode ter-lhe proporcionado novos contornos e coloração. E, mais, se quando passaram a exercer o papel de professoras passaram a ver o ensino, numa outra condição, a deste lugar diferenciado. E ao pensarem sobre esta nova condição social assumida, nova mudança na significação e no sentido pessoal ocorreu. Este processo faz lembrar as palavras de Leontiev, já citadas anteriormente, mas que aqui merecem novo destaque: "psicologicamente a significação é (...) o reflexo generalizado da realidade elaborado pela humanidade e fixado sob a forma de conceitos, de um saber ou mesmo de um saber-fazer ('modo de ação' generalizado, norma de comportamento etc.)". (1978, p. 95-6)

> A significação é aquilo que num objeto ou fenômeno se descobre objectivamente num sistema de ligações, de interacções e de relações objetivas. A significação é reflectida e fixada na linguagem, o que lhe confere a sua estabilidade. Sob a forma de significações lingüísticas, constitui o conteúdo da consciência social; entrando no conteúdo da consciência social, torna-se assim a 'consciência real' dos indivíduos, objectivando em si o sentido subjectivo que o reflectido tem para eles. (Leontiev, 1978, p. 94)

Parece que a maioria das estudantes desenvolveu novas qualidades durante o desenvolvimento da disciplina. Mediante as entrevistas, elas alegavam que anteriormente ao exercício da prática de ensino não dispunham de conhecimentos suficientes para lhes auxiliar na organização do ensino, apesar dos conhecimentos obtidos em disciplinas relacionadas aos fundamentos e metodologia do ensino das disciplinas curriculares das séries iniciais do ensino fundamental. Portanto, não compreendiam o planejamento como uma ferramenta pedagógica. Muito mais, não tinham internalizado o planejamento como um modo de organização da ação externa e um modo internalizado de ação.

Talvez tal situação seja decorrente do fato de a maioria das estudantes nunca ter assumido a condição social de ser professora, pois até então elas eram predominantemente estudantes, e nunca tinham se deparado com a necessidade de organizar situações de ensino. No caso daquelas que já eram professoras, pode ser que tal quadro seja derivado do fato de elas não terem essa prática instituída, impossibilitando a atribuição do sentido de instrumento psicológico ao planejamento na organização das situações de ensino propostas, não operando também, desse modo, com o planejamento nessa conotação. Existia significado, dado socialmente, referente ao planejamento, mas o sentido atribuído era completamente alheio à significação que proporcionasse movimento de emancipação humana. O planejamento era entendido, pela maioria das estudantes no início do curso da disciplina, como uma formalidade instituída pela burocracia escolar, como uma exigência externa, o que também pode explicar a já mencionada resistência inicial à elaboração dos projetos de ensino.

Quando perguntado às estudantes sobre o sentido da prática de ensino, o planejamento foi novamente evocado. Até duas das estudantes, cujos motivos não coincidiram com os objetivos propostos pela disciplina universitária, e que mencionaram ter se defrontado com muitas dificuldades no exercício da prática de ensino — situação avaliada por elas como frustrante —, declararam que o planejamento, como aprendizado, havia permanecido.

Ao finalizar o semestre letivo, uma dessas estudantes assumiu uma atitude que denotou o quanto era grande seu compromisso com sua formação: solicitou um recurso legal de avaliação, oferecido pela universidade, gozando do direito de permanecer sem a atribuição de uma

APRENDER A ENSINAR

menção avaliativa em seu prontuário estudantil, por até um semestre letivo. Assim, em acordo com as professoras universitárias, cursou novamente a mesma disciplina, porém com outra professora, e realizou um novo exercício de prática de ensino em uma escola pública urbana. A escola, no caso a universidade, como produto das relações sociais instituídas, cria motivos externos, que podem ou não se transformar em motivos internos para o indivíduo. Já este, desenvolvendo motivos internos, mobiliza uma cadeia de ações em direção aos objetivos por ele propostos. Parece que a perseguição de seu motivo interno prevaleceu para essa estudante, pois buscou a construção de novos significados referentes ao que pensava sobre "ser professor".

A partir do momento em que o planejamento, materializado no projeto de ensino, é posto na atividade como uma mediação entre o sujeito que a está realizando e o objeto a que ele se destina, no caso, o ensino, ele se torna ferramenta, instrumento. Continua sendo um instrumento externo material, mas também é um instrumento ideal, instrumento mental, que hoje parece compor as funções psíquicas das estudantes de então. Parece, portanto, integrar os processos psicológicos aos quais as estudantes (atualmente professoras ou diretora de creche, por exemplo) recorrem na organização de sua atividade educativa institucional, ao menos no que foi possível inferir no âmbito das práticas discursivas, no conteúdo das entrevistas.[16]

Uma das estudantes indica que, apropriando-se do significado social de "ser professora", ela reconheceu que há diferença entre "ser professora" e "ser mãe" ou "ser tia", pois confere o sentido da prática de ensino como a oportunidade de "se ver como profissional". Segundo suas palavras,

> Ser profissional requer que você tenha elementos para estar refletindo sobre aquela situação, que seja diferente de um olhar de uma mãe, do olhar de uma tia. É um olhar mais refletido, um olhar mais pensado, um olhar de estar pensando o que (risos) quais as estratégias, quais as possibilidades de estar fazendo com que essa criança, que está aqui na minha frente,

---

16. Uma continuação da presente pesquisa poderia se dar com a investigação das "atividades de ensino" que esses sujeitos desenvolvem, a fim de constatar a presença ou não desses elementos na sua prática efetiva e como esse movimento do planejamento como mediação se encontra na formação desses sujeitos.

supere estas suas dificuldades, que ressalte suas qualidades (risos) de que... Está colocando outras proposições na escola que, às vezes, na vida não se coloca. De estar incentivando esta criança assim: Pôxa, produzi um texto na escola, produzi um livro. Isso me incentiva, quem sabe, depois, quando eu sair da escola, a poder produzir um livro. O estágio foi aquele momento de estar dando um "insight", de estar percebendo isso. Até mesmo porque tem situações que dá vontade de você se colocar como uma mãe, como uma tia. Aí você percebe: não, mas eu sou professora. Mas, e daí, o que me diferencia? Pensar estas questões é que faz reforçar a questão de dizer assim: Não, eu sou uma profissional. Não estou aqui dando minha força de trabalho, estou vendendo minha força de trabalho. Eu tenho um compromisso social com esta minha força de trabalho. Não vou vendê-la de qualquer jeito. É um compromisso social que eu tenho. Mas, enfim, eu tenho que ser valorizada! Eu tenho que ser bem paga! Eu tenho que ter as condições mínimas para trabalhar. (Sofia)

Pelo depoimento acima, pode-se inferir também que a estudante, ao relacionar o ensino com a aprendizagem da criança, denota ter-se apropriado do significado social do ensino, da função social da escola e da professora, ao mesmo tempo em que indica a necessidade das devidas condições de trabalho que um profissional em educação deve exigir, pois seu compromisso social é com a emancipação humana, apesar de sua condição de trabalhador assalariado. Assim, seu depoimento parece revelar sinais de não-ruptura entre sentido e significado na "atividade de ser professora".

A aprendizagem do que é "ser professor" também fez sentido para as estudantes na direção de tornar evidente o papel do conhecimento na relação pedagógica, tanto no âmbito da aprendizagem universitária quanto no do ensino fundamental. Além disso, também se fez presente a necessidade de se ter clareza na definição de objetivos, na seleção e eleição de procedimentos didáticos adequados às situações de ensino dirigidas às crianças.

Um conceito está construído quando se enuncia, argumenta, oferece exemplos e sintetiza os elementos que constituem o objeto ao qual se refere, no caso, a prática de ensino. Assim, pode-se afirmar que sentido e significado se constroem na interlocução. Os gestos, os momentos reticentes no discurso oral, os sentimentos manifestos nas expressões de alegria, tristeza, preocupação..., como os manifestados pelas entrevistadas, oferecem indícios para o entendimento da formação do sentido e do significado que, portanto, se efetua na comunicação, na definição de objetivos, enfim, por meio de projetos de várias naturezas. Desse modo, o papel da mediação se torna fundamental, porque pode permitir que gestos, expressões, palavras oralizadas, editadas, formalizadas em conceitos, presentes em textos, livros ou outras formas de materialização do conhecimento, sejam socializados e apropriados pelas novas gerações, oportunizando o desenvolvimento humano, não importando sua idade ou condição social.

Ao ser perguntada sobre como aprendeu a "ser professora", a mesma estudante que havia mencionado a dificuldade de se formar uma coletividade, ainda que restrita em seus parâmetros e concepção, como já citada anteriormente, enfatiza a importância das interações entre as colegas, as ações estabelecidas mediadas por instrumentos, pela bibliografia requerida pela disciplina e pelo projeto de ensino.

Por fim, muitos foram os sentidos, mas o significado de que "ser professora", exercitar a prática de ensino, ocorre por mediações e requer um movimento contínuo de aprendizagem dos sujeitos que a realizam, foi o que ofereceu unidade à maioria dos depoimentos.

Assim, formar indivíduos profissionalmente para o magistério, no âmbito do ensino superior, exige especialmente que os estudantes sejam compreendidos como pessoas, sujeitos de sua "atividade de aprendizagem", pois nela e por meio dela ganharão qualidade nova, se (trans)formarão em professores. Talvez se fossem proporcionados momentos no ensino superior mais atentos a esses sujeitos, os sentidos e significados da prática de ensino poderiam também vir a adquirir nova qualidade, contribuindo para que os estudantes pudessem superar a condição própria do senso comum, e, desse modo, fosse possível o exercício de uma educação promotora do desenvolvimento humano, apesar das contradições sociais impostas historicamente.

6
O lugar da utopia

> Que nenhuma opinião seja uma convicção absoluta, imutável. Que o dia de hoje seja sempre uma passagem feita da soma das experiências de ontem, enriquecida das experiências de amanhã... Somente com esta condição nosso trabalho nunca será monótono nem sem esperança. (Korczak, 1997, p. 21)
>
> Que tal delirarmos um pouquinho? Vamos fixar o olhar num ponto além da infâmia para adivinhar outro mundo possível. (Galeano, 1999, p. 343)

Situando-nos no "lugar social" da educação, poderíamos vislumbrar esse "outro mundo possível" — mencionado por Galeano na epígrafe —, ao se persistir, como defende Dermeval Saviani (1984 e 1990), no rigor, na radicalidade e na visão de conjunto durante a reflexão sobre o fenômeno educacional e, em particular, sobre o processo de formação universitária de professores. Desse modo, alguns limites que configuram as práticas sociais cotidianamente desenvolvidas, especialmente no âmbito da atividade educacional institucionalizada, poderiam ser superados, sem a pretensão de se acreditar que somente a reflexão seria suficiente para uma tarefa tão ampla e complexa. No entanto, o exercício de uma reflexão dessa natureza permitiria, dentre outros aspectos, não se deixar seduzir pelos encantos de uma nova edição do "entusiasmo pela educação" e do "otimismo pedagógico", de cuja crítica se ocuparam Jorge Nagle (2001) e Vanilda Paiva (1987). Assim, essa atitude poderia vir a se somar a outras tantas ações realizadas na mesma direção. Foi, portanto, buscando operar esse movimento que a presente pesquisa se desenvolveu.

Apesar dessa intencionalidade e dos cuidados tomados, esta pesquisa também apresenta limites. O principal deles se refere aos dados coletados. Nos momentos de desenvolvimento da disciplina "Prática de Ensino da Escola de Ensino Fundamental: Séries Iniciais", que propiciou a "atividade de aprendizagem" das estudantes universitárias, não se tinha a clara intenção de que essa singularidade na formação de professores viesse a se transformar em uma pesquisa objetivamente direcionada para a apreensão dos elementos constitutivos dessa "atividade de aprendizagem". Na ocasião, os registros elaborados estavam circunscritos ao processo de constituição e desenvolvimento da "atividade de ensino". O objetivo central era *ensinar as estudantes a ensinarem a criança* e não obter dados particularmente dirigidos para o desenvolvimento de uma investigação com o caráter que esta assumiu, o que não descartou a importância da coleta de outros dados naquela ocasião, dados que, posteriormente, foram considerados nesta pesquisa. Fez-se, então, necessário organizar esses dados, colher novos e analisá-los conforme o problema de estudo que se havia delineado. Assim sendo, recorreu-se às entrevistas com as estudantes. As práticas discursivas, próprias dessas entrevistas, podem ter atenuado a intensidade do colorido do que realmente ocorreu, já que as estudantes recorreram à memória, que é seletiva e dispersa, ao mesmo tempo. Todavia, poder-se-ia afirmar que esta pesquisa trouxe elementos que reiteram a necessidade de se refletir sobre importantes aspectos do processo de formação universitária de professores em geral e, em particular, sobre o ensino da prática de ensino para a criança, bem como a necessidade de se prosseguir investigando sobre tais temas.

No que se refere especificamente à organização do ensino da referida disciplina, a pesquisa desenvolvida trouxe à baila o problema do número de horas e o lugar curricular destinado à prática de ensino nos cursos de formação de professores. Ainda que sejam consideradas as mobilizações relevantes e ações efetivas geradas pelos diferentes

APRENDER A ENSINAR

"fóruns", no debate acerca das deliberações impostas pela Lei de Diretrizes e Bases da Educação Nacional n° 9.394/96 e suas conseqüências para a formação de professores no país, o tempo e o lugar destinados à prática de ensino nos cursos de formação de professores permanece como uma questão complexa e polêmica. Geralmente, quer seja no nível médio quer seja no universitário, no Brasil, o número de horas reservado à realização das diferentes ações desencadeadas pelos estudantes e pelos professores, referentes ao ensino e à aprendizagem da prática de ensino, é reduzido. Além disso, do ponto de vista curricular, sua realização também é concentrada e localizada no final dos cursos. Vale salientar que, no caso específico da disciplina "Prática de Ensino da Escola de Ensino Fundamental: Séries Iniciais" do curso de Pedagogia da Universidade Federal de Santa Catarina, o ensino da prática de ensino se encontra circunscrito às delimitações institucionais formais e peculiares da estrutura curricular desse curso. De acordo com tais delimitações, a carga horária da mencionada disciplina era de apenas 144 horas-aula, embora o número efetivo de horas realmente destinado ao desenvolvimento da disciplina pelos estudantes e professores seja superior e, segundo as deliberações do colegiado desse curso (Flor, 2003), a docência para a criança seja considerada como sua base e finalidade formativa, como já citado no primeiro capítulo deste texto. Ademais, em resposta aos esforços empreendidos pelos professores universitários desse curso, a disciplina passou a ser oferecida como a única obrigatória na sexta fase do curso, apesar de ter sido prevista somente para no final do curso, quando resta apenas um ano letivo para que as estudantes o concluam. Não obstante o caráter paliativo dessa medida, o fato de as estudantes terem a obrigação institucional exclusivamente com uma disciplina facilitou a participação delas, possibilitando, conforme o necessário, que dedicassem também um número maior de horas para a realização das ações requeridas pela disciplina em tela.

Considerando esse quadro, a ampliação da carga horária da disciplina se apresenta como uma necessidade.[1] O atendimento a tal necessidade poderá desdobrar-se, por exemplo, na ampliação do número de

---

1. Cabe informar que em 2005 o número de horas destinado à referida disciplina foi ampliado de 08 para 13 horas semanais. No entanto, as condições de trabalho dos professores universitários se intensificaram e as condições de trabalho dos professores das escolas de ensino fundamental permaneceram as mesmas.

horas destinadas a cada um dos momentos de organização do exercício da prática de ensino. No entanto, mesmo que não se altere o quadro de carga horária, seria indispensável rever, ao menos, o número de horas reservado ao período de contato inicial com as pessoas vinculadas às escolas, visto que se mostrou insuficiente. Há que se construir um vínculo efetivo e orgânico entre a agência formadora de professores, em especial a universidade, e a rede pública de ensino para que uma melhor qualidade possa ser impressa nas práticas pedagógica e educacional desenvolvidas tanto no ensino fundamental quanto no superior. Para que esse vínculo possa se efetivar é essencial que a relação entre as escolas e as referidas agências de formação de professores não se restrinja aos limites do *ensino* da prática de ensino. Faz-se necessário tecer ligações entre os fios de cada disciplina no interior do próprio currículo. Além disso, há que se desencadear ações visando a envolver outros âmbitos. No caso específico do ensino superior universitário, há que buscar a conclamada indissociabilidade entre ensino, pesquisa e extensão. Ao mesmo tempo, há que se buscar também concretizar medidas, no âmbito das políticas educacionais, que possam garantir outra qualidade às condições de trabalho tanto para o professor do ensino fundamental como para o professor universitário. Mais precisamente torna-se imperativo conquistar, além da melhoria das condições materiais de manutenção física das escolas e da criação/ampliação do acervo das bibliotecas e outros equipamentos de apoio às ações educativas, uma melhor remuneração aos professores e demais profissionais da educação; a ampliação da jornada de trabalho do professor do ensino fundamental para além do tempo destinado às aulas; a realização de encontros periódicos com seus pares, com outros profissionais — incluindo os professores universitários — e com os estudantes, aprendizes de professores, para a realização de ações efetivamente coletivas de planejamento, avaliação, orientação e desenvolvimento das "atividade de ensino" e "atividade de aprendizagem", na perspectiva de ser desencadeado um processo de formação permanente e recíproco.

Quem sabe, assim, os tempos e os espaços para a formação possam ser re-criados? Quem sabe, assim, se possam criar situações nas quais uma "outra cultura escolar" possa iniciar sua gestação? Gestação que requer cuidados especiais, pois esta é permeada de conflitos e tensões entre interesses, que na maioria das vezes são antagônicos entre si. Requer também que esforços sejam empreendidos, visto que não há

APRENDER A ENSINAR

nenhuma facilidade nas tarefas relacionadas ao estudo e ao ensino. Essa gestação requer, ainda, a utilização e a internalização de instrumentos pelos sujeitos da "atividade de ensino" e da "atividade de aprendizagem", de modo que estes possam ser operados na mediação entre os sujeitos e os objetos de cada "atividade".

Como se sabe, os ritos e ritmos escolares se impõem e são impostos historicamente. E, se assim o são, *transformá-los é tão difícil quanto possível.* Portanto, um pequeno embrião dessa "outra cultura escolar" pode ganhar vida, se a direção da "atividade de ensino" assumida pelos seus sujeitos for, nos limites das contradições sociais postas, o exercício intencional de relações pedagógicas que suplantem práticas autoritárias. Relações pedagógicas que possibilitem simultaneamente o respeito e o reconhecimento das diferenças entre os sujeitos e a contribuição do "outro" mais experiente, possuidor de conhecimentos de um nível mais elaborado, para o desenvolvimento humano. Além de considerarem, nos processos de seleção e organização dos conteúdos programáticos das diversas disciplinas, a importância do conhecimento sistematizado para o desenvolvimento do pensamento teórico, finalidade específica da escola.

Para a gestação dessa "outra cultura escolar", faz-se necessário ainda buscar recursos financeiros. No que diz respeito às condições materiais de existência dos estudantes universitários, volta à tona a necessidade de bolsas de estudo para que se viabilize sua dedicação, em tempo integral, às ações relacionadas à formação de professores na perspectiva apresentada. Da mesma forma, é importante que sejam destinadas verbas à aquisição e manutenção de materiais de apoio às ações pedagógicas propostas. No caso específico da experiência de formação universitária realizada, apesar da indescritível receptividade dos moradores dos assentamentos e acampamentos, bem como dos professores e estudantes das escolas (permitindo, inclusive, o acolhimento dos professores e estudantes universitários em suas casas, o acampamento universitário na área territorial da escola e a utilização dos equipamentos sociais presentes na região), o financiamento para viabilizar ações relacionadas ao transporte, à alimentação e ao alojamento das estudantes e professores universitários é uma necessidade. Assim, para o prosseguimento das ações universitárias relacionadas ao exercício da prática de ensino nas referidas escolas e nas demais escolas públicas vinculadas a outras propostas pedagógicas, é imperativo que ações institucionalizadas sejam desencadeadas visando a garantir condições de trabalho condizentes com a melhor qualidade dessa prática, o que indica a necessária mobilização das agências educacionais envolvidas em seus diferentes âmbitos: material e profissional.

Um outro aspecto que merece ser salientado na reflexão sobre a formação universitária de professores e, em particular, sobre o ensino da prática de ensino, refere-se às ações desenvolvidas no tempo curricular da referida disciplina e num contexto especial. As ações, especialmente de desenvolvimento dos projetos de ensino, ocorriam de forma intensa. Durante uma quinzena, todos os dias as estudantes universitárias participavam nas "atividades de ensino" com as crianças, em um turno (houve o caso de uma dupla de estudantes que, auxiliando as colegas, assumiu um outro turno também); de encontros de avaliação e re-planejamento dos projetos de ensino com os professores universitários, entre si e, oscilando a freqüência, com os professores das escolas; de ações referentes ao preparo das refeições e à manutenção do espaço ocupado coletivamente. Além disso, diariamente, os professores universitários acompanhavam o desenvolvimento da atuação das estudantes com as crianças. Conforme as características de cada turma e de cada estudante, essas interações, como já foi mencionado, adquiriam "sabores" diferentes e não atingiam a todos da maneira que se desejava. Era um convívio diário e intenso, permeado por diversos sentimentos, ações e superação de limites pessoais e institucionais — porque aprender e ensinar demandam esforços físicos e espirituais — o que muitas vezes provocava conflitos e, conseqüentemente, desgaste nas relações. Em contrapartida, o fato de tanto professores universitários como estudantes se dedicarem exclusivamente às ações desenvolvidas, durante esse período, distanciando-se do cotidiano e do "conhecido", bem como de estabelecerem interações entre si e entre professores e estudantes das escolas, moradores dos assentamentos e acampamentos e integrantes do MST, permitiu que diversas sociabilidades fossem experimentadas e vínculos fossem criados, potencializando, desse modo, as possibilidades das "atividades de ensino" e da "atividade de aprendizagem".

No início deste texto, após a definição do problema e do objetivo central desta pesquisa, quando se caracterizaram os sujeitos e o contexto da singularidade de formação universitária desenvolvida, buscou-se enfocar o ensino, para que a "atividade de aprendizagem" daquelas

APRENDER A ENSINAR

estudantes começasse a ser compreendida. O que significa dizer que se fez necessário apresentar o contexto para que se pudesse entender o "lugar social" que aqueles sujeitos ocupavam nas relações sociais estabelecidas. Desse modo, expuseram-se as interações sociais que foram criadas entre eles e os diferentes partícipes desse processo de formação.

Para que se tornasse possível dar seqüência ao processo de apreensão das necessidades, motivos, ações e operações desencadeadas pelas referidas estudantes, uma outra necessidade se interpôs: compreender a "atividade de aprendizagem" como uma particular "atividade humana" para, novamente, voltar à singularidade daquela "atividade" desempenhada por aquelas estudantes e poder entendê-la como uma "atividade" constituída por múltiplas determinações. Determinações de ordem institucional, política, histórica, pedagógica e psicológica que apresentaram os seguintes aspectos:

a) as determinações institucionais referiam-se ao conjunto de normas e valores, que cultural e historicamente conformam as principais instituições envolvidas, as Escolas Públicas de Ensino Fundamental, a Universidade e o MST;

b) as determinações políticas relacionavam-se às características da educação pública escolar, definidas pelas relações de poder estabelecidas no interior das escolas e da Universidade, bem como à finalidade de transformar a realidade na qual estavam inseridas as escolas e a Universidade, fundamentando-se nos conhecimentos socialmente produzidos nessa direção;

c) as determinações históricas foram configuradas pelas condições próprias daquele período, ou seja, um período de refluxo da atuação dos movimentos sociais em geral, inclusive do próprio MST, apesar de sua significativa presença no cenário político brasileiro, e dos trabalhadores do ensino superior, embora tivessem saído de um momento de greve, com repercussão nacional e grande mobilização da denominada "comunidade universitária";

d) as determinações pedagógicas diziam respeito às peculiaridades de se ensinar na Universidade e em escolas públicas rurais, bem como às ações constitutivas da organização do ensino nesses diferentes "lugares" sócio-culturais, como elaboração, desenvolvimento, avaliação e re-planejamento dos projetos de ensino, envolvendo a seleção e organização dos chamados conteúdos escolares, bem como a eleição dos procedimentos didáticos, que priorizassem a formação de leitores e escritores;

e) as determinações psicológicas abrangiam os aspectos referentes ao processo de apropriação dos conhecimentos convencionados socialmente, em particular da formação de conceitos pelas referidas estudantes e pelas crianças, tanto os relativos ao ensino como os respectivos de cada área curricular. No que se refere à aprendizagem do ensino, a ênfase na dimensão lúdica das situações de ensino balizava-se pelo entendimento da importância da fantasia e da imaginação para o desenvolvimento humano, especialmente quando o ensino estava dirigido à criança.

A análise da "atividade de aprendizagem" das universitárias indicou que as estudantes modificaram a forma e o conteúdo de seu pensamento e, conseqüentemente, modificaram-se a si mesmas. A princípio, tais estudantes queriam *"fazer algo diferente" e, por meio da "atividade de aprendizagem" realizada, se diferenciaram.* Após o término do curso, como profissionais, se tornaram diferentes do que eram, não só porque ocupavam outro "lugar social" nas relações sociais estabelecidas, mas também porque a qualidade de sua forma de pensar se transformou. Apropriaram-se de um modo de ação generalizado, permeado por um conjunto de valores, sentimentos, e passaram a atuar de uma outra forma. Foi recorrente nos depoimentos das estudantes a menção de que seus amigos e familiares diziam que elas mesmas haviam se modificado: não agiam como antes, *agiam agora de maneira mais solidária e tolerante.* Também foram visíveis os indícios de modificação na *compreensão acerca da função social da escola na sociedade contemporânea; dos elementos constitutivos da organização do ensino, especialmente o planejamento e a avaliação das situações de ensino; das crianças, como sujeito de direitos, seres historicamente situados, que produzem e se apropriam da cultura herdada socialmente; dos conhecimentos relacionados às disciplinas curriculares do ensino fundamental; da importância do letramento na formação de leitores e escritores, bem como da dimensão lúdica das situações de ensino no processo de desenvolvimento e aprendizagem das crianças.*

Nas situações de ensino voltadas às estudantes do curso de Pedagogia, especialmente as desenvolvidas na disciplina "Prática de Ensino da Escola de Ensino Fundamental: Séries Iniciais", o que se desejava era que elas sintetizassem as diversas contribuições das várias disciplinas do curso, visto que até aquele momento da formação, em consonância com a tradição cultural das próprias disciplinas, estavam preocupadas com os respectivos conteúdos programáticos. Além disso, visava-se também a apropriação de outros conhecimentos que abrangessem conceitos necessários à aprendizagem da prática de ensino voltada à criança, como os já mencionados acima, o que ocasionaria uma nova síntese. O processo de se constituir professor, fruto dessas sucessivas sínteses, foi, então, o objetivo da referida disciplina universitária. E, sem desconsiderar o que era realizado até então, a oportunidade de poder desenvolver o exercício da prática de ensino em escolas públicas rurais vinculadas ao MST se configurou como uma alternativa ao que era oferecido, possibilitando múltiplos conteúdos a essa aprendizagem de "ser professor", como pode depreender, por exemplo, do depoimento da estudante, a seguir:

> Como seria minha formação se eu não fosse pra Fraiburgo? Será que eu teria a consciência de algumas coisas que eu tenho hoje, se eu não fosse pra lá? Será que se de repente eu ficasse aqui eu não me envolveria na atmosfera de pessimismo que há nas escolas? (...) Isso fez diferença na nossa formação. Se hoje eu sou pedagoga, agora com título, se hoje eu tenho alguns conceitos elaborados, penso fundamente algumas questões da educação, algumas eu ainda não percebi, eu sei que mais tarde eu vou dizer: Pôxa vida, esta questão aqui estava tão simples e eu não percebia. Fraiburgo contribuiu muito. Se eu não tivesse a experiência de Fraiburgo eu acho que sairia do curso assim com uma sensação muito ruim, sabe? Uma sensação de, assim (...) de estar entrando em uma atmosfera de pessimismo. Aí parece que eu não vou ter mais força pra lutar contra isso. E Fraiburgo meio que deu um gás, assim: olha vocês vão em frente, vá lá que é possível realmente. Mete o dedinho onde não é chamada, pode, porque lá você também vai ser chamada. Ela chamou muito pra luta! (Sofia)

De acordo com a pesquisa desenvolvida, porém extrapolando as especificidades do que foi realizado, pode-se concluir que *ensinar* abrange o processo de comunicação sistematizada de parcela da experiência humana, sintetizada em objetos materiais e ideais, realizada sob determinadas condições institucionais, históricas, socioculturais. Portanto, requer do sujeito dessa atividade, o professor, o estabelecimento de interações entre pessoas e objetos, materiais e ideais. Entre as pessoas com as quais o professor interage estão principalmente os estudantes. Estes, por sua vez, também realizam uma "atividade" específica: a aprendizagem. Isto é, os processos de formação e desenvolvimento da "atividade mental" dos estudantes, ocorridos por meio da apropriação de elementos culturais produzidos pela experiência humana historicamente constituída, pelas novas gerações. Desse modo, pode-se considerar que *ensinar e aprender são "atividades" distintas que se interdependem.*

Na formação universitária de professores, em particular na disciplina "Prática de Ensino da Escola de Ensino Fundamental: Séries Iniciais", as ações desencadeadas pelos professores universitários estão dirigidas para os estudantes, pois o objeto da "atividade" de tais professores é *ensino do ensino voltado para a criança*, enquanto o objeto da "atividade de aprendizagem" desses estudantes é o *ensino voltado para a criança.*

Os estudantes, quando estão em "atividade de aprendizagem" da prática de ensino, tornam-se, pouco a pouco, professores, principalmente porque suas ações estão dirigidas para a aprendizagem das crianças. No decorrer desse processo, as condições de sua "atividade" e os próprios estudantes se transformam. Deslocam-se do "lugar social" original que ocupavam nas relações sociais estabelecidas, o de estudante, e ocupam um outro, o de professor. Mas, como a relação entre um momento e outro não é absoluta e sim processual, essa transformação delineia-se por momentos que se intercalam entre o exercício da docência e a aprendizagem. Ou, ainda, pode-se afirmar que ocorrem simultaneamente em momentos de ensino e de aprendizagem, já que enquanto ensinam não deixam de aprender a ensinar. O esforço em distinguir esses dois momentos deve-se justamente ao exercício analítico de apreensão de uma e outra "atividade", na formação universitária de professores, que são independentes, porém se confluem. Mas, é importante enfatizar que, como estudantes, aprendizes do magistério, o objeto de sua "atividade de aprendizagem" é a *aprendizagem do ensino para a criança.* Mas quando estão na condição de professores das séries iniciais do ensino fundamental ensinando, portanto, o objeto é outro, passa a ser *o ensino de um determinado conhecimento que convencionalmente se quer apropriado pela criança.* Nessa perspectiva, pode-se afirmar que as "atividades de aprendizagem" da criança e do jovem estudante de Pedagogia possuem semelhanças e diferenças.

Semelhanças, porque uma e outra atividade podem ser caracterizadas como particulares "atividades humanas", que envolvem a realização de ações individuais e/ou coletivas articuladas entre si, voltadas aos seus objetos, circunscritas às determinadas condições histórico-culturais, porém visando atingir objetivos a partir de motivos, internos e externos, oriundos de necessidades objetivas e subjetivas, desencadeados pelos indivíduos, conforme nos ensinam Leontiev (1969, 1983 e 1988) e Bozhóvich (1978). A finalidade de ambas as "atividades de aprendizagem" é transformar o ser eminentemente biológico, ao nascer, em um ser humano. Por sua vez, essa transformação não se encerra no tempo cronológico formalmente destinado à infância. Ela se constitui na ontologia desses seres, que são fundamentalmente histórico-culturais. Assim, essa transformação só se cumprirá ao longo da existência humana, mediante as interações sociais estabelecidas, que irão propiciar a elaboração e a utilização de instrumentos externos, que, pelo processo de "internalização", como denomina Vigotski (1987, 1990 e 2001), podem se tornar "ferramentas psicológicas" que, por sua vez, constituirão o modo de ser e pensar desses indivíduos.

Em contrapartida, as diferenças encontradas remetem-se especialmente ao objeto de ambas as "atividades". O objeto da "atividade de aprendizagem" das crianças, no início da escolaridade, é o estudo do conjunto de conhecimentos introdutórios relacionados a cada disciplina curricular, convencionado socialmente. Já o objeto da "atividade de aprendizagem" das estudantes universitárias, também convencionado socialmente, é, como já mencionado, o estudo do conjunto de conhecimentos relacionados ao ensino, especificamente ao exercício de uma profissão: professor.

Se o objeto das "atividades" se diferencia, os instrumentos que medeiam a relação entre os sujeitos e tais objetos também são distintos. Na "atividade de aprendizagem" da criança, os instrumentos são todos aqueles objetos materiais e ideais relacionados ao estudo de determinado fato ou fenômeno, relacionados às ciências naturais e às ciências sociais, incluindo nessas últimas a linguagem em suas múltiplas manifestações. Já na "atividade de aprendizagem" do jovem estudante de Pedagogia, os instrumentos são os objetos ideais como valores, conceitos, noções e conhecimentos necessários para que ações sejam desencadeadas na direção de promover a "atividade de aprendizagem" da criança, e os objetos materiais que ofereçam as condições para se transmitir determinados conhecimentos, aqueles que materializam os procedimentos de organização de situações de ensino, como, por exemplo, os projetos de ensino.

Os projetos de ensino tornam-se, então, instrumentos ainda mais importantes nas "atividade de ensino" e "atividade de aprendizagem", ao incorporarem, de forma intencional e sistematizada, os componentes da "atividade de estudo" (Davidov) e da "atividade orientadora de ensino" (Moura), mencionados no quarto capítulo deste texto, no exercício da prática de ensino. Além de recursos didáticos, os projetos de ensino podem ser considerados, portanto, como instrumentos necessários para a organização das ações desencadeadas pelos sujeitos envolvidos nas "atividades de ensino" e "atividades de aprendizagem". O estudante universitário, bem como o professor, ao realizarem tais "atividades", mediadas pelos projetos de ensino — que podem atuar tanto como instrumento externo quanto interno, tanto na "atividade material externa" como na "atividade mental interna" — podem estar desenvolvendo o planejamento das ações e operações relacionadas às suas "atividades". Nessa perspectiva, ao planejar aprendem a ensinar e formam novos modos generalizados de ação, tornando-se mais capazes para aprender, planejar e ensinar. Ao aprenderem a ensinar, aprendem a planejar e ao aprenderem a planejar se tornam capazes de operar com o planejamento, se transformando em professores e transformando-se a si mesmos, como pessoas.

Assim a escola e, particularmente, a Universidade podem ser concebidas como o lugar coletivo-compartilhado, privilegiado para que a "atividade de ensino" e a "atividade de aprendizagem" sejam desenvolvidas, criando, portanto, campos de possibilidades de humanização.

A finalidade formativa da instituição educacional, seja a escola seja a Universidade, é, por excelência, o desenvolvimento da "atividade de aprendizagem" dos estudantes, por meio da formação do pensamento teórico e das interações sociais com os sujeitos da "atividade de ensino", propiciando a apropriação da experiência humana elaborada historicamente. Desse modo, dentro dos limites postos socialmente, a "atividade de ensino" e a "atividade de aprendizagem" podem vir a contribuir para que seus sujeitos se tornem capazes de viver sua condição humana. Segundo Hanna Arendt,

> a condição humana compreende algo mais que as condições nas quais a vida foi dada ao homem. (...) Além das condições nas quais a vida é dada ao homem na Terra e, até certo ponto, a partir delas, os homens constan-

temente criam as suas próprias condições que, a despeito de sua variabilidade e sua origem humana, possuem a mesma força condicionante das coisas naturais. O que quer que toque a vida humana ou entre em duradoura relação com ela, assume imediatamente o caráter de condição da existência humana. (1999, p. 17)

Estudantes e professores, portanto, na condição de *seres humanos* e buscando forjar os elementos necessários para se produzirem nesta perspectiva, podem criar uma gama de **possibilidades** em seu agir humano intencional que poderá levá-los a interferir historicamente na realidade. E, assim, poderão exercitar a liberdade, pois

a liberdade é a consciência simultânea das circunstâncias existentes e das ações que, suscitadas por tais circunstâncias, nos permitem ultrapassá-las. A liberdade é a capacidade para perceber tais possibilidades e o poder para realizar aquelas ações que mudam o curso das coisas, dando-lhe outra direção ou outro sentido. (Chaui, 1996, p. 362)

Prosseguindo, Chaui ainda alerta que

[...] o reconhecimento da contradição entre o ideal e a realidade é o primeiro momento da liberdade e da vida ética como recusa da violência. O segundo momento é a busca das brechas pelas quais possa passar o possível, isto é, uma outra sociedade que concretize no real aquilo que a nossa propõe no ideal. [...] O terceiro momento é o da nossa decisão de agir e da escolha dos meios para a ação. O último momento da liberdade é a realização da ação para transformar um possível num real, uma possibilidade numa realidade. (1996, p. 365)

Ao exercitarmos a liberdade nesta perspectiva estaremos agindo utopicamente. Desse modo, mesmo considerando a força e a complexidade dos limites postos, o desenvolvimento das atividades de "aprendizagem" e de "ensino" podem criar momentos de exercício da liberdade e do redimensionamento da condição humana.

Por fim, permanece a utopia de buscar construir condições históricas para cunhar uma nova ordem social, na qual possa existir um sistema de educação que proporcione às pessoas possibilidades de desenvolvimento na complexidade e na multiplicidade de manifestações que a existência humana possa criar. Particularmente, o que se almeja é criar as condições para transformar a formação universitária de professores, o curso de Pedagogia, no lugar privilegiado dessa utopia. Portanto, importa o cuidado e o cultivo de uma relação pedagógica que possa propiciar aos estudantes viver a condição de sujeitos de sua "atividade de aprendizagem", e, ao professor, seja o universitário seja o de outros níveis e modalidades de educação institucionalizada, viver também sua condição de sujeito, porém da "atividade de ensino", contribuindo, assim, para o desenvolvimento da condição humana de ambos, sejam adultos sejam crianças.

Referências bibliográficas

ABDALLA, Maria de Fátima Barbosa. *Formação e desenvolvimento profissional do professor: o aprender da profissão*. Tese (Doutorado em Educação) — Faculdade de Educação, Universidade de São Paulo, São Paulo, 2000.

ALARCÃO, Isabel. Formação continuada como instrumento de profissionalização docente. In: VEIGA, Ilma Passos (org.). *Caminhos da profissionalização do magistério*. Campinas: Papirus, 1996.

ALVAREZ, Amélia e DEL RIO, Pablo. Educação e Desenvolvimento: a teoria de Vygotsky e a zona de desenvolvimento próximo. In: COLL, César; PALACIOS, Jesús e MARCHESI, Álvaro (orgs.). *Desenvolvimento psicológico e educação*. Porto Alegre: ArtMed, 1995.

ANDRÉ, Marli E. D. A. A pesquisa sobre a formação de professores no Brasil — 1990-1998. In: LINHARES, Célia Frazão. *Ensinar e aprender: sujeitos, saberes e pesquisa*. Rio de Janeiro: DP&A, 2000.

ANDRÉ, Marli E. D. A. (org.). *O papel da pesquisa na formação e na prática dos professores*. Campinas: Papirus, 2001.

_____ et alii. Estado da arte da formação de professores no Brasil. *Educação e Sociedade*, Campinas, n. 68, 1999.

ARAÚJO, Elaine Sampaio. *Da formação e do formar-se: a atividade de aprendizagem docente em uma escola pública*. Tese (Doutorado em Educação) — Universidade de São Paulo, São Paulo, 2003.

_____. *Matemática e formação em educação infantil: biografia de um projeto*. Dissertação (Mestrado em Educação) — Universidade de São Paulo, São Paulo, 1998.

ARENDT, Hannah. *A condição humana*. 9. ed. Rio de Janeiro: Forense Universitária, 1999.

ARROYO, Miguel G. *A educação básica e o movimento social no campo*. (Texto elaborado a partir da palestra proferida durante a Conferência Nacional por uma Educação Básica no Campo. Luiziânia, 27-31 de julho de 1998).

_____. Ciclos de desenvolvimento humano e formação de educadores. *Educação e Sociedade*, Campinas, n. 68, 1999.

_____. *Ofício de mestre*. Petrópolis: Vozes, 2002.

ARROYO, Miguel G. e FERNANDES, Bernardo M. *A Educação básica e o movimento social do campo*. Brasília: Articulação Nacional por uma Educação Básica do Campo, 1999.

ARIÈS, Philipe. *História social da criança e da família*. Rio de Janeiro: Zahar, 1979.

BAKHTIN, Mikhail. *Marxismo e filosofia da linguagem*. 4. ed. São Paulo: Hucitec, 1988.

BARRETO, Elba S. de Sá. Um panorama das exposições. In: MENEZES, Luiz Carlos de (org.). *Professores: formação e profissão*. Campinas: Autores Associados, São Paulo: Nupes, 1996.

BASSO, Itacy Salgado. *As condições subjetivas e objetivas do trabalho docente: alternativa para a psicologia e educação entenderem o homem*. Tese (Doutorado em Educação) — Faculdade de Educação, Universidade Estadual de Campinas, Campinas, 1994.

BASSO, Itacy Salgado. *Significado e sentido do trabalho docente*. Cadernos Cedes. [on line]. Abr. 1998, v. 19, n. 44 [citado em 17 de junho de 2003], pp. 19-32. Disponível na World Wide Web: <http://www.scielo.br/scielo.php?script=sci_arttex&pid=S0101-32621998000100003&lng=pt&nrm=iso>. ISSN 0101-3262.

BECKER, Rosane Nunes. *A arte na formação da professora das séries iniciais do ensino fundamental*. Dissertação (Mestrado em Educação nas Ciências) — Universidade Regional do Noroeste do Estado do Rio Grande do Sul, Ijuí, 2001.

BENJAMIN, César e CALDART, Roseli Salete. *Projeto popular e escolas do campo*. Brasília: Articulação Nacional por uma Educação Básica do Campo, 2000.

BENJAMIN, Walter. *Reflexões: a criança, o brinquedo e a educação*. São Paulo: Summus, 1984.

BERNARDES, Maria Eliza Mattosinho. *As ações na atividade educativa*. Dissertação (Mestrado em Educação) — Universidade de São Paulo, São Paulo, 2000.

_____. *Mediações simbólicas na atividade pedagógica: contribuições do enfoque histórico-cultural para o ensino e aprendizagem*. Tese (Doutorado em Educação) — Faculdade de Educação. Universidade de São Paulo, São Paulo, 2006.

BICUDO, Maria Aparecida Viggiani e SILVA JUNIOR, Celestino Alves da (orgs.). *Formação do educador: dever do Estado, tarefa da Universidade*. São Paulo: Editora da Universidade Estadual Paulista, 1996.

BICUDO, Maria Aparecida Viggiani e SILVA JUNIOR, Celestino Alves da . *Formação do educador e avaliação educacional: organização da escola e do trabalho pedagógico*. São Paulo: Editora da Universidade Paulista, 1999.

BID — Banco Interamericano de Desarrollo. *Informe de progreso económico y social*. Washington DC, 1998.

BORGES, Cecília. Saberes docentes: diferentes tipologias e classificações de um campo de pesquisa. *Educação e Sociedade*, Campinas, n. 74, pp. 59-78, abril de 2001.

BOZHÓVICH, L. El problema del desarrollo de la esfera motivacional en el niño. In: BOZHÓVICH, L. e BLAGONADIEZHINA, L. *Estudio de la motivación de la conducta de los niños y adolescentes*. Moscú: Editorial Progreso, 1978.

BRZENZINSKI, Iria. *Formação de professores: um desafio*. Goiânia: Universidade Católica de Goiás, 1997.

_____. Embates na definição da política de formação dos professores para a atuação multidisciplinar nos anos iniciais do ensino fundamental: respeito à cidadania ou disputa pelo poder? *Educação e Sociedade*, Campinas, n. 68, pp. 80-108, 1999.

CALDART, Roseli Salete. *Educação em movimento: formação de educadoras e educadores do MST*. Petrópolis: Vozes, 1997.

_____. *Pedagogia do Movimento Sem Terra*. Petrópolis: Vozes, 2000.

CAMPOS, Maria Malta Machado. A formação de professores para crianças de 0 a 10 anos: modelos em debate. *Educação e Sociedade*, Campinas, n. 68, pp. 126-142, 1999.

_____. Pesquisa participante: possibilidades para o estudo da escola. *Cadernos de Pesquisa*, São Paulo, n. 49, pp. 63-66, maio de 1984.

CARR, E. H. *A revolução russa de Lênin a Stalin*. Rio de Janeiro: Zahar, 1981.

CARTER, K. Teachers' knowledge and learning to teach. In: HOUSTON, R. (ed.). *Handbook of research on teacher education*. New York: Macmillam, pp. 291-310, 1990.

CEDRO, Wellington Lima. *O espaço de aprendizagem e a atividade de ensino*: o clube de matemática. Dissertação (Mestrado em Educação) — Faculdade de Educação. Universidade de São Paulo, São Paulo, 2004.

CHAIKLIN, Seth. Developmental teaching in upper-secondary school. In: HEDEGAARD, Mariane and LOMPSCHER, Joachim. *Learning activity and development*. Aarhus: Aarhus University Press, 1999.

CHAIKLIN, Seth; HEDEGAARD, Mariane and JENSEN, Uffe Juul (ed.). *Activity Theory and social practice: cultural-historical approaches*. Aarhus: Aarhus University Press, 1999.

CHARLOT, Bernard. A idéia de infância. In: CHARLOT, Bernard. *Mistificação pedagógica*. São Paulo: Zahar, 1979.

CHAUI, Marilena. Ideologia e Educação. *Educação e Sociedade/Cedes*, São Paulo, n. 5, janeiro de 1980.

_____. *Convite à filosofia*. 7. ed. São Paulo: Ática, 1996.

COLETIVO DE AUTORES. *Metodologia do ensino de Educação Física*. São Paulo: Cortez, 1992.

COLLARES, Cecília A. L.; MOYSÉS, Maria Aparecida e GERALDI, Wanderley. Educação Continuada: a política da descontinuidade. *Educação e Sociedade*, Campinas, n. 68, pp. 202-219, 1999.

CONTRERAS DOMINGO, José. *La autonomía del profesorado*. Madrid: Morata, 1997.

CORREIA, José Alberto e MATOS, Manuel. Do poder à autoridade dos professores: o impacto da globalização na desconstrução da profissionalidade docente. In: VEIGA, Ilma Passos e CUNHA, Maria Isabel da (orgs.). *Desmistificando a profissionalização do magistério*. Campinas: Papirus, 1999.

COSTA, S. *Comuna de Paris: o proletariado toma o céu de assalto*. São Paulo: Anita Garibaldi, 1991.

CUNHA, Maria Isabel da. Profissionalização docente: contradições e perspectivas. In: VEIGA, Ilma Passos e CUNHA, Maria Isabel da (orgs.). *Desmistificando a profissionalização do magistério*. Campinas: Papirus, 1999.

CUNHA, Célio. A política de valorização do magistério na década de 1990: apontamentos incompletos. In: VEIGA, Ilma Passos e CUNHA, Maria Isabel da (orgs.). *Desmistificando a profissionalização do magistério*. Campinas: Papirus, 1999.

CUNHA, Regina Celi de Oliveira da. *Concepções conflitantes de currículo: identificação analítico-crítica das concepções subjacentes ao corpo discente do curso de Pedagogia da UCSAL*. Dissertação (Mestrado em Educação) — Universidade Federal da Bahia, Salvador, 1989.

DAMIS, O. T. *O curso de pedagogia da Universidade Federal de Uberlândia: projeto à concepção dos professores*. Uberlândia: UFU, mimeo., 1996.

DANIELS, Harry. *Vygotsky e a Pedagogia*. São Paulo: Loyola, 2003.

DAVIDOV, V. V. *La enseñanza escolar y el desarrollo psíquico*. Moscú: Editorial Progreso, 1988.

DAVIDOV, V. V. *Tipos de generalización en la enseñanza*. Ciudad de La Habana: Editorial Pueblo y Educación, 1982.

_____. What is real learning activity? In: HEDEGAARD, Mariane and LOMPSCHER, Joachim. *Learning activity and development*. Aarhus: Aarhus University Press, 1999.

DAVIDOV, V. V. e MARKOVA, A. K. La concepción de la actividad de estúdio de los escolares. In: DAVIDOV, V. V. e SHAURE, M. *La psicologia evolutiva y pedagogía en la URSS: Antología*. Moscú: Editorial Progreso, 1987.

DAVYDOV, V. V. e RADZIKHOVSKII, L. Vygotsky's theory and the activity-oriented approach in psychology. In: WERTSCH, James V. *Culture, communication and cognition: Vygotskian perspective*. New York: Cambridge University Press, 1988.

DAVYDOV, V. V. e ZINCHENKO, V. P. A contribuição de Vygotsky para o desenvolvimento da Psicologia. In: DANIELS, Henry. *Vygotsky em foco: pressupostos e desdobramentos*. Campinas: Papirus, 2001.

DUARTE, Newton. *A individualidade para si*. Campinas: Autores Associados, 1993.

_____. *Vigotski e o "aprender a aprender": crítica às apropriações neoliberais e pós-modernas da teoria vigotskiana*. Campinas: Autores Associados, 2000.

_____. (org.). *Sobre o construtivismo*. Campinas: Autores Associados, 2000a.

EDELSTEIN, Glória e CORIA, Adela. *Imágenes e imaginación: iniciación a la docencia*. Buenos Aires: Kapelusz, 1995.

ENGELS, Friedrich. Sobre o papel do trabalho na transformação do macaco em homem. In: MARX, Karl e ENGELS, Friedrich. *Obras escolhidas*. São Paulo: Alfa-Omega, s.d., v. 2.

_____. Introdução. In: MARX, Karl. A guerra civil na França. In: MARX, Karl e ENGELS, Friedrich. *Obras escolhidas*. São Paulo: Alfa-Omega, s.d., v. 2.

ENGUITA, Mariano Fernández. O magistério numa sociedade em mudança. In: VEIGA, Ilma Passos (org.). *Caminhos da profissionalização do magistério*. Campinas: Papirus, 1998.

_____. A ambigüidade da docência: entre o profissionalismo e a proletarização. *Teoria e Educação*, Porto Alegre, n. 4, pp. 41-61, 1991.

FAUSTINONI, Luiza Esmeralda. *A aprendizagem do professor, um processo de significação*. Dissertação (Mestrado em Lingüística Aplicada e Estudos da Linguagem) — Pontifícia Universidade Católica de São Paulo, São Paulo, 1995.

FERNANDES, Alvanize Valente. *Teoria e prática na formação e atuação de alunas-educadoras do curso de Pedagogia: dicotomia ou convergência?* Dissertação

(Mestrado em Educação) — Universidade Federal de São Carlos, São Carlos, 1995.

FERNANDES, Sonia Cristina Lima. *Grupos de Formação — análise de um processo de formação em serviço sob a perspectiva dos professores da Educação Infantil.* Dissertação (Mestrado em Educação) — Universidade Federal de Santa Catarina, Florianópolis, 2000.

FERRO, Marc. *A revolução russa de 1917.* São Paulo: Perspectiva, 1974.

FLOR, Nelzi. *O lugar da infância na formação de professores das séries iniciais do ensino fundamental: um estudo no curso de Pedagogia da UFSC (1995-2002).* Dissertação (Mestrado em Educação) — Universidade Federal de Santa Catarina, Florianópolis, 2003.

FONTANA, Roseli A. C. *Como nos tornamos professoras?* Belo Horizonte: Autêntica, 2000.

FORQUIN, Jean-Claude. *Escola e cultura.* Porto Alegre: Artes Médicas, 1993.

FÓRUM NACIONAL EM DEFESA DA ESCOLA PÚBLICA. *Formar ou certificar? Muitas questões para reflexão.* Brasília: Fórum Nacional em Defesa da Escola Pública, 2003.

FRAGO, Antonio Viñao e ESCOLANO, Agustín. *Currículo, espaço e subjetividade: a arquitetura como programa.* 2. ed. Rio de Janeiro: DP&A, 2001.

FRANCHI, Eglê Pontes (org.). *A causa dos professores.* Campinas: Papirus, 1995.

FRANCO, Creso e KRAMER, Sônia. *Pesquisa e Educação: história, escola e formação de professores.* Rio de Janeiro: Ravil, 1997.

FREIRE, Madalena et alii. *Avaliação e planejamento.* São Paulo: Espaço Pedagógico, 1996.

_____. *Observação, registro e reflexão.* São Paulo: Espaço Pedagógico, 1997.

FREITAS, Helena C. L. de. *O trabalho como princípio articulador da teoria-prática: uma análise da prática de ensino e estágios supervisionados na habilitação magistério do curso de Pedagogia da FE-Unicamp.* Tese (Doutorado em Educação) — Universidade Estadual de Campinas, Campinas, 1993.

_____. *Trabalho e relação teoria-prática nos estágios supervisionados de 1º grau do curso de Pedagogia.* Campinas: Unicamp, mimeo., 1993a.

_____. *O trabalho como princípio articulador na prática de ensino nos estágios.* Campinas: Papirus, 1996.

_____. A Reforma do ensino superior no campo da formação de professores da educação básica: as políticas educacionais dos educadores. In: *Educação e Sociedade*, Campinas, n. 68, pp. 17-44, 1999.

GALEANO, Eduardo. *De pernas pro ar: a escola do mundo ao avesso.* Porto Alegre: LP&M, 1999.

GARRIDO, Elsa. *Pesquisa universidade-escola e desenvolvimento profissional do professor*. Tese (Livre Docência em Educação) — Universidade de São Paulo, São Paulo, 2000.

GATTI, Bernadete. Uma análise dos debates. In: MENEZES, Luiz Carlos de (org.). *Professores: formação e profissão*. Campinas: Autores Associados, São Paulo: NUPES, 1996.

GEMAQUE, Rosana Maria. Profissão de professor: impasses e perspectivas. In: FRANCO, Creso e KRAMER, Sônia. *Pesquisa e Educação: história e formação de professores*. Rio de Janeiro: Ravil, 1997.

GERALDI, Corinta M. G.; FIORENTINI, Dario e PEREIRA, Elisabete M. de A. (orgs.). *Cartografias do trabalho docente: professor(a) — pesquisador(a)*. Campinas: Mercado de Letras — Associação de Leitura do Brasil, 1998.

GEORGEN, Pedro e SAVIANI, Dermeval (orgs.). *Formação de professores: a experiência internacional sob o olhar brasileiro*. Campinas: Autores Associados, São Paulo: NUPES, 1998.

GOLDER, Mario. *Angustia por la utopía*. Buenos Aires: Ateneo Vigotskiano de la Argentina, 2002.

GOLDMANN, Lucien. *Filosofia e Ciências Humanas*. São Paulo: Difel, 1986.

GONZÁLEZ, H. *A comuna de Paris: os assaltantes do céu*. São Paulo: Brasiliense, 1981.

GONZÁLEZ REY, Fernando Luis. O emocional na constituição da subjetividade. In: LANE, Silvia T. M. e ARAÚJO, Yara. *Arqueologia das emoções*. Petrópolis: Vozes, 2000.

_____. El aprendizaje en el enfoque histórico-cultural — sentido y aprendizaje. In: TIBALLI, Elianda F. Arantes e CHAVES, Sandramara Matias. *Concepções e práticas em formação de professores: diferentes olhares*. Rio de Janeiro: DP&A, 2003.

HEDEGAARD, Mariane and LOMPSCHER, Joachim. *Learning activity and development*. Aarhus: Aarhus University Press, 1999.

HEDEGAARD, Mariane (ed.). *Learning in Classrooms: a cultural-historical approach*. Aarhus: Aarhus University Press, 2001.

_____. A zona de desenvolvimento proximal como base para a instrução. In: MOLL, Luis C. *Vygotsky e a educação*. 2. reimp., Porto Alegre: ArtMed, 2002, pp. 341-362.

HEREDIA, Beatriz; MEDEIROS, Leonilde; PALMEIRA, Moacir; CINTRÃO, Rosângela e LEITE, Sergio. Análise dos impactos regionais da reforma agrária no Brasil. *Estudos Sociedade e Agricultura*, n. 18, abril de 2002, pp. 73-111.

HERNÁNDEZ, Fernando e VENTURA, Montserrat. *A organização do currículo por projetos de trabalho*. Porto Alegre: Artes Médicas, 1998.

HERNÁNDEZ, Fernando. *Transgressão e mudança na educação*. Porto Alegre: Artes Médicas, 1998.

HYPÓLITO, Álvaro Moreira. Trabalho docente e profissionalização: sonho prometido ou sonho negado? In: VEIGA, Ilma Passos e CUNHA, Maria Isabel da (orgs.). *Desmistificando a profissionalização do magistério*. Campinas: Papirus, 1999.

IBERON, Francisco. *Formação docente e profissional*. São Paulo: Cortez, 2000.

INEP — Instituto Nacional de Estudos e Pesquisas Educacionais. *Censo do Professor 1997: perfil dos docentes de Educação Básica*. INEP: Brasília, 1999, p. 150.

ITERRA — Instituto de Educação Josué de Castro. *Projeto Pedagógico*. Veranópolis: ITERRA, maio de 2001.

IZVESTIA (Notícias). Rossiiskaia Akademia Obrazovania (Academia Russa de Educação). Moskva (Moscou), 2000.

JÁEN, Marta Jiménez. Os docentes e a racionalização do trabalho em educação: elementos para uma crítica da teoria da proletarização dos docentes. *Teoria e Educação*, Porto Alegre, n. 4, pp. 74-90, 1991.

KAGAN, D. M. Ways of evaluating teacher cognition: inferences concerning the Galdilocks Principle. *Review of educational research*, 60, pp. 419-469, 1990.

KATZ, Lílian e CHARD, Sylvia. *A abordagem de projetos na educação de infância*. Lisboa: Fundação Lacouste Gulbenkian, 1997.

KINCHELOE, Joe L. *A formação do professor como compromisso político*. Porto Alegre: Artes Médicas, 1993.

KOLLING, Edgar J. el alii. (org.). *Por uma educação básica do campo (memória)*. Brasília: Fundação Universidade de Brasília, 1999.

KOPNIN, Pável V. *A dialética como lógica e teoria do conhecimento*. Rio de Janeiro: Civilização Brasileira, 1978.

KORCZAK, Janusz. *Como amar uma criança*. 4. ed. Rio de Janeiro: Paz e Terra, 1997.

KOZULIN, Alex. O conceito de atividade na psicologia soviética: Vygotsky, seus discípulos, seus críticos. In: DANIELS, Henry (org.). *Uma introdução a Vygotsky*. São Paulo: Loyola, 2002.

KNOWLES, Malcolm. *The adult learner: a neglected species*. 4. ed. Houston: Gulf Publishing Company, 1990.

KRAMER, Sonia. Infância e sociedade: o conceito de infância. In: KRAMER, Sonia. *A política do pré-escolar no Brasil: a arte do disfarce*. Rio de Janeiro: Dois Pontos, 1987.

KUENZER, Acácia Z. As políticas de formação: a construção da identidade do professor sobrante. *Educação e Sociedade*, Campinas, n. 68, pp. 163-183, 1999.

KUNZ, Elenor. *Transformações didático-pedagógicas do esporte*. Ijuí: Unijuí, 1994.

LANNER DE MOURA, Anna Regina. *A medida e a criança pré-escolar*. Tese (Doutorado em Educação) — Universidade Estadual de Campinas, Campinas, 1995.

LELLIS, Isabel Alice. Do ensino de conteúdos aos saberes do professor: mudança de idioma pedagógico? *Educação e Sociedade*, Campinas, n. 74, pp. 43-58, abril de 2001.

_____. Formação e trajetória de magistério: notas sobre um processo de pesquisa. In: FRANCO, Creso e KRAMER, Sônia. *Pesquisa e Educação: história, escola e formação de professores*. Rio de Janeiro: Ravil, 1997.

LENIN, V. I. Cuadernos filosóficos. In: LENIN, V. I. *Obras completas*. Tomo 29. Moscú: Editorial Progreso, s.d.

_____. *Obras escolhidas*. Tomo I. São Paulo: Alfa-Omega, 1982.

LEONTIEV, A. N. Las necesidades y los motivos de la actividad. In: SMIRNOV, A. A. et alii. *Psicologia*. México: Editorial Grijalbo, 1969.

LEONT'EV, Alexis N. The problem of activity in psychology. In: WERTSCH, James. *The concept of activity in Soviet Psychology*. Armonk, New York: M. E. Sharpe, 1979, pp. 37-71.

LEONTIEV, Alexis N. Uma contribuição à teoria do desenvolvimento da psique infantil. In: VIGOTSKII, L. S.; LURIA, A. R. e LEONTIEV, A. N. *Linguagem, desenvolvimento e aprendizagem*. São Paulo: Ícone/Editora da Universidade de São Paulo, 1988.

LEONTIEV, Alexei N. *Actividad, conciencia, personalidad*. Ciudad de La Habana: Pueblo y Educación, 1983.

_____. Actividade e consciência. In: MAGALHÃES-VILHENA, Vasco de. *Práxis: a categoria materialista de prática social*. Lisboa: Livros Horizonte, 1980.

_____. *O desenvolvimento do psiquismo*. Lisboa: Livros Horizonte, 1978.

_____. El aprendizaje como problema en la Psicología. In: LEONTIEV, A. N. et alii. *Psicología soviética contemporánea*. La Habana: Instituto del Libro, 1967.

LESNE, Marcel. *Trabalho pedagógico e formação de adultos*. Lisboa: Fundação Calouste Gulbenkian, 1984.

LIBÂNEO, José Carlos e PIMENTA, Selma Garrido. Formação dos profissionais da educação: visão crítica e perspectivas de mudança. *Educação e Sociedade*, Campinas, n. 68, pp. 239-277, 1999.

LIMA, E. F. de. *O pensamento do professor: construindo metáforas, projetando concepções*. São Carlos: UFSCAR, mimeo., 1997.

LIMA, Maria do Socorro L. *A hora da prática: reflexões sobre o estágio supervisionado e ação docente*. Fortaleza: Edições Demócrito Rocha, 2001.

LISSAGARAY, P. O. *História da Comuna de 1871*. São Paulo: Ensaio, 1991.

LOMPSCHER, J. El análisis y la elaboración de las exigencias que se plantean a la actividad docente. In: LOMPSCHER, J.; MARKOVA, A. K. e DAVIDOV, V. V. *Formación de la actividad docente de los escolares*. Ciudad de La Habana: Pueblo y Educación, 1987.

LOMPSCHER, Joachim and HEDEGAARD, Mariane. Introduction. In: HEDEGAARD, Mariane and LOMPSCHER, Joachim. *Learning activity and development*. Aarhus: Aarhus University Press, 1999, pp. 10-21.

LOPES, Anemari Roesler Luersen Vieira. *A aprendizagem docente e o estágio compartilhado*. Tese (Doutorado em Educação) — Faculdade de Educação. Universidade de São Paulo, São Paulo, 2004.

LOURENÇO FILHO, Manuel Bergstrom. *Introdução ao estudo da escola nova*. 4. ed. Rio de Janeiro: EdUERJ, Conselho Federal de Psicologia, 2002.

LÜDKE, Menga. O professor, seu saber e sua pesquisa. *Educação e Sociedade*, Campinas, n. 74, pp. 77-96, abril de 2001.

_____. Pesquisa em educação: conceitos, políticas e práticas. In: GERALDI, C. M. G., FIORENTINI, Dario e PEREIRA, E. M. de A. (orgs.). *Cartografias do trabalho docente: professor(a) — pesquisador(a)*. Campinas: Mercado de Letras, Associação do Brasil, 1998.

_____. Como anda o debate sobre metodologias quantitativas e qualitativas na pesquisa em educação. *Cadernos de Pesquisa*, São Paulo, n. 64, pp. 61-63, 1988.

LÜDKE, Menga e ANDRÉ, Marli E. D. *Pesquisa em educação: abordagens qualitativas*. São Paulo: EPU, 1986.

LÜDKE, Menga; MOREIRA, Antônio F. B. e CUNHA, Maria Isabel da. Repercussões de tendências internacionais sobre a formação de nossos professores. *Educação e Sociedade*, Campinas, n. 68, pp. 278-298, 1999.

LURIA, Alexandr Romanovich. *Pensamento e linguagem*. 2. reimp. Trad. Diana Myriam Lichtenstein e Mario Corso. Porto Alegre: Artes Médicas, 2001.

LURIA, A. R. e YUDOVICH, F. I. *Linguagem e desenvolvimento intelectual na criança*. 2. ed. Tradução José Claudio de Almeida. Porto Alegre: Artes Médicas, 1985.

MAKARENKO, A. *La colectividad y la educación de la personalidad*. Moscú: Editorial Progreso, 1977.

MARCELO, Carlos. La dimensión personal del cambio: aportaciones para una conceptualización del desarrollo profesional de los profesores. *Innovación Educativa*, n. 3, pp. 33-58, 1995.

_____. Pesquisa sobre a formação de professores: o conhecimento sobre aprender a ensinar. *Revista Brasileira de Educação*. São Paulo, n. 9, pp. 51-75, 1998.

MARCELO GARCÍA, Carlos. *Formação de professores: para uma mudança educativa*. Porto: Porto Editora, 1999.

MARIN, Alda Junqueira. *Educação continuada*. Campinas: Papirus, 2000.

_____. Desenvolvimento profissional docente: início de um processo centrado na escola. In: VEIGA, Ilma Passos (org.). *Caminhos da profissionalização do magistério*. Campinas: Papirus, 1998.

MARIN, Alda Junqueira. Formação de professores: novas identidades, consciência e subjetividade. In: TIBALLI, Elianda F. Arantes e CHAVES, Sandramara Matias. *Concepções e práticas em formação de professores: diferentes olhares*. Rio de Janeiro: DP&A, 2003.

MARKOVA, A. K. La formación de actividad docente y el desarrollo de la personalidad del escolar. In: LOMPSCHER, J.; MARKOVA, A. K. e DAVIDOV, V. V. *Formación de la actividad de los escolares*. Ciudad de La Habana: Pueblo y Educación, 1987.

MARQUES, Mario Osório. *A formação do profissional da educação*. Ijuí: Unijui, 1992.

MARTINS, José de Souza. Regimar e seus amigos — a criança na luta pela terra e pela vida. In: _____. (org.). *Massacre dos inocentes: a criança sem infância no Brasil*. São Paulo: Hucitec, 1993.

MARTINS, Ligia Márcia. *Análise sócio-histórica do processo de personalização de professores*. Tese (Doutorado em Educação) — Faculdade de Filosofia e Ciências de Marília, Universidade Estadual Paulista, Marília, 2001.

MARX, Karl. Manuscritos econômicos e filosóficos. In: FROMM, Erich. *Conceito marxista do homem*. Rio de Janeiro: Zahar, 1970.

_____. Trabalho alienado e superação positiva da auto-alienação humana (Manuscritos econômicos e filosóficos). In: FERNANDES, Florestan (org.). *K. Marx, F. Engels — História*. São Paulo: Ática, 1983.

MARX, Karl. *O Capital*. São Paulo: Abril, 1985.

_____. *A ideologia alemã*. São Paulo: Hucitec, 1987.

_____. A guerra civil na França. In: MARX, K. e ENGELS, F. *Obras escolhidas*, v. 2. São Paulo: Alfa-Omega, s.d.

MATIELLO JÚNIOR, Edgard. *Educação Física, saúde coletiva e a luta do MST: reconstruindo relações a partir das violências*. Tese (Doutorado em Educação Física) — Faculdade de Educação Física, Universidade Estadual de Campinas, Campinas, 2002.

MELO, Maria Tereza L. de. Programas oficiais para formação de professores da educação básica. *Educação e Sociedade*, Campinas, n. 68, pp. 45-60, 1999.

MENEZES, Luiz Carlos de (org.). *Professores: formação e profissão*. Campinas: Autores Associados, São Paulo: Nupes, 1996.

MERRIAN, Sharan B. e CAFFARELLA, Rosemary S. *Learning in Adulthood*. 2. ed. San Francisco: Jossey-Bass, 1991.

MONTEIRO, Ana Maria F. C. Professores: entre saberes e práticas. *Educação e Sociedade*, Campinas, n. 74, pp. 121-142, abril de 2001.

MOREIRA, Antônio Flávio. Multiculturalismo, currículo e formação de professores. *Anais IX ENDIPE — Encontro Nacional de Didática e Prática de Ensino*, Águas de Lindóia, 1998.

MORTARI, Vera Lucia. *O professor — um trabalhador — e a questão da quantidade/qualidade do produto de seu trabalho*. Dissertação (Mestrado em Educação) — Pontifícia Universidade Católica de São Paulo, São Paulo, 1990.

MOURA, Manoel Oriosvaldo de. *A construção do signo numérico em situação de ensino*. Tese (Doutorado em Educação) — Universidade de São Paulo, São Paulo, 1992.

_____. A atividade de ensino como unidade formadora. *Bolema*, Rio Claro, v. 12, 1996.

_____. A educação escolar como atividade. *Anais IX ENDIPE — Encontro Nacional de Didática e Prática de Ensino*, Águas de Lindóia, 1998.

_____. *O educador matemático na coletividade de formação: uma experiência com a escola pública*. Tese (Livre Docência em Educação) — Universidade de São Paulo, São Paulo, 2000.

_____. A atividade de ensino como ação formadora. In: CASTRO, Amélia Domingues e CARVALHO, Ana Maria Pessoa de (org.). *Ensinar a ensinar*. São Paulo: Pioneira, 2001.

_____. O educador matemático na coletividade de formação. In: TIBALLI, Elianda F. Arantes e CHAVES, Sandramara Matias (orgs.). *Concepções e* práticas em formação de professores: diferentes olhares. Rio de Janeiro: DP&A, 2003.

MOVIMENTO DOS TRABALHADORES RURAIS SEM TERRA. Como fazer a escola que queremos. *Caderno de Educação*, São Paulo, n. 1, s.d.

_____. Alfabetização. *Caderno de Educação*, São Paulo, n. 2, 1993.

_____. Como fazer a escola que queremos: Planejamento. *Caderno de Educação*, Porto Alegre, n. 6, 1995.

_____. Jogos e brincadeiras. *Caderno de Educação*, São Paulo, n. 7, 1996.

_____. Princípios da educação no MST. *Caderno de Educação*, Porto Alegre, n. 8, 1996a.

_____. *Manifesto das Crianças e Adolescentes do MST ao Povo Catarinense*, 1997.

_____. Como fazemos a escola de educação fundamental. *Caderno de Educação*, Rio Grande do Sul, n. 9, 1999.

_____. O que queremos com as escolas dos assentamentos. *Caderno de Formação*, São Paulo, n. 18, março de 1999a.

_____. *Desenhando o Brasil*. São Paulo: MST, 1999b.

_____. *Crianças em movimento: as mobilizações infantis no MST*. Porto Alegre: Setor de Educação, 1999c.

_____. Alfabetização de jovens e adultos — como organizar. *Caderno de Educação*, São Paulo, n. 3, 2000.

_____. Alfabetização de jovens e adultos — didática da linguagem. *Caderno de Educação*, São Paulo, n. 4, 2000a.

_____. Alfabetização de jovens e adultos — educação matemática. *Caderno de Educação*, Porto Alegre, n. 5, 2000b.

_____. *Construindo o caminho numa escola de assentamento do MST*. Porto Alegre: ITERRA — Instituto Técnico de Capacitação e Pesquisa da Reforma Agrária, 2000c.

_____. *Feliz Aniversário MST!* São Paulo: MST, 2000d.

NAGLE, Jorge. *Educação e sociedade na Primeira República*. Rio de Janeiro: DP&A, 2001.

NASCIMENTO, Maria das Graças de Arruda. Formação de professor em serviço: um caminho para a transformação da escola. FRANCO, Creso e KRAMER, Sônia. *Pesquisa e educação: história, escola e formação de professores*. Rio de Janeiro: Ravil, 1997.

NEVES, Wanda Maria Junqueira. *As formas de significação como mediação da consciência: um estudo sobre o movimento da consciência de um campo de professo-*

res. 1997. Tese (Doutorado em Psicologia Social) — Pontifícia Universidade Católica de São Paulo, São Paulo.

NOGUEIRA, Maria Alice. A Sociologia e a formação do educador. *Leituras e imagens*. Florianópolis, n. 2, 1997.

NORONHA, Olinda Maria. Pesquisa participante: repondo questões teórico-metodológicas. In: FAZENDA, Ivani (org.). *Metodologia da pesquisa educacional*. São Paulo: Cortez, 1991.

NÓVOA, António (org.). *Os professores e sua profissão*. Lisboa: Dom Quixote/ Instituto de Inovação Educacional, 1995.

_____. (org.). *Profissão professor*. Porto: Porto Editora, 1995a.

NUNES, Célia Maria Fernandes. Saberes docentes e formação de professores: um breve panorama da pesquisa brasileira. *Educação e Sociedade*, Campinas, n. 74, pp. 27-42, abril de 2001.

NÚÑEZ, Isauro B. e PACHECO, Otmara G. *La formación de conceptos científicos: una perspectiva desde la teoría de la actividad*. Natal: Editora da Universidade do Rio Grande do Norte, 1997.

NÚÑEZ, Isauro Belrán e RAMALHO, Betânia Leite. A dispersão semântica na pesquisa educacional: implicações teórico-metodológicas. *Educação em Questão*. vs. 10 e 11, ns. 2/1, jul./dez. de 1999-jan./jun. de 2000.

OLIVEIRA, Marta Khol de. Jovens e adultos como sujeitos de conhecimento e aprendizagem. *Revista Brasileira de Educação*, São Paulo, n. 12, set./out./ nov./dez. de 1999.

ORSO, P. J.; LERNER, F. e BARSOTTI, P. *A comuna de Paris: história e atualidade*. São Paulo: Ícone/Espaço Marx, 2002.

PAIVA, Vanilda P. Anotações para um estudo sobre o populismo católico e educação no Brasil. In: PAIVA, Vanilda (org.). *Perspectivas e dilemas da educação*. Rio de Janeiro: Graal, 1984.

_____. *Educação popular e educação de adultos*. São Paulo: Loyola, 1987.

PAIVA, Vanilda P.; GUIMARÃES, Eloísa; PAIVA, Elizabeth e DURÃO, Anna V. Revolução educacional e contradições da massificação do ensino. In: QUINTEIRO, Jucirema (orgs.). A realidade das escolas nas grandes metrópoles. *Contemporaneidade e Educação: revista semestral de Ciências Sociais e Educação*. Rio de Janeiro: Instituto de Estudos da Cultura e Educação Continuada (IEC), ano III, n. 3, pp. 44-99, 1998.

PAJARES, F. Teachers' beliefs and educational research: clearing up a messy construct. *Review of educational research*, v. 62, n. 2, pp. 307-332, 1992.

APRENDER A ENSINAR

PALACIOS, Jesús. O desenvolvimento após a adolescência. In: COLL, César; PALACIOS, Jesús e MARCHESI, Álvaro (orgs.). *Desenvolvimento psicológico e educação*. Porto Alegre: ArtMed, 1995.

PATTO, Maria Helena Souza. *A produção do fracasso escolar*. São Paulo: T. A. Queiroz, 1991.

PÉREZ GOMEZ, A. I. A função e formação do(a) professor(a) no ensino para compreensão. In: GIMENO SACRISTÁN, J. e PÈREZ GOMEZ, A. I. *Compreender e transformar o ensino*. Porto Alegre: Artes Médicas, 1998.

PERRENOUD, Philippe. *Práticas pedagógicas, profissão docente e formação: perspectivas sociológicas*. Lisboa: Dom Quixote/Instituto de Inovação Educacional, 1993.

_____. *A prática reflexiva no ofício de professor*. Porto Alegre: ArtMed, 2002.

PERRENOUD, Philippe; PASQUAY, Leopold e CHARLIER, Evelyne. *Formando professores profissionais*. Porto Alegre: ArtMed, 2001.

PICONEZ, Stella B. (coord.). *A prática de ensino e o estágio supervisionado*. Campinas: Papirus, 1991.

PIMENTA, Selma G. *O estágio na formação de professores: unidade, teoria e prática?* São Paulo: Cortez, 1994.

_____. (org.). *Saberes pedagógicos e atividade docente*. São Paulo: Cortez, 1999.

PIMENTA, Selma G.; GARRIDO, Elsa e MOURA, Manoel Oriosvaldo de. Pesquisa colaborativa na escola facilitando o desenvolvimento profissional de professores. In: *Intelectuais, conhecimento e espaço público: Anais*. Caxambu: ANPEd, 2001.

PIMENTEL, Maria da Glória. *O professor em construção*. Campinas: Papirus, 1993.

POLETTINI, Altair F. F. Mudança e desenvolvimento do professor: o caso de Sara. *Revista Brasileira de Educação*, São Paulo, n. 9, 1998.

PRADA, Luiz Eduardo A. *Formação participativa de docentes em serviço*. Taubaté: Cabral, 1997.

PUCCI, Bruno; OLIVEIRA, Newton Ramos de e SGUISSARDI, Valdemar. O processo de proletarização dos trabalhadores em educação. *Teoria e Educação*, Porto Alegre, n. 4, pp. 91-108, 1991.

QUINTEIRO, Jucirema. *Infância e escola: uma relação marcada por preconceitos*. Tese (Doutorado em Educação) — Universidade Estadual de Campinas, São Paulo, 2000.

REALI, Aline M. de; M. R. e MIZUKAMI, Maria da Graça N. (orgs.). *Formação de professores: tendências e debates*. São Carlos: EDUFSCar, 1996.

REED, John. *10 dias que abalaram o mundo*. São Paulo: Global, 1978.

REIS FILHO, Daniel Aarão. *Rússia (1917-1921): anos vermelhos*. São Paulo: Brasiliense, 1987.

_____. *URSS: o socialismo real (1921-1964)*. São Paulo: Brasiliense, 1983.

RIOS, Terezinha Azeredo. *Compreender e ensinar: por uma docência da melhor qualidade*. São Paulo: Cortez, 2001.

RODRIGUES, Ângela e ESTEVES, Manuela. *A análise de necessidades na formação de professores*. Porto: Porto Editora, 1993.

RUBINSTEIN, S. L. *El desarrollo de la psicología: principios y métodos*. Habana: Pueblo y Educación, 1979.

RUBTSOV, Vitaly. A atividade de aprendizado e os problemas referentes à formação do pensamento teórico dos escolares. In: GARNIER et alii. *Após Piaget e Vygotsky*. Porto Alegre: Artes Médicas, 1997.

_____. *Kommunikativno-orientirovannie obrazovatel'nie sredi. Psikhologia proektirovania (O papel da comunicação-orientadora nos meios educativos. Psicologia de projeto)*. Moskva: Rossiiskaia Akademia Obrazovania. Psikhologitcheskii Institut (Moscou: Academia Russa de Educação — Instituto de Psicologia), 1996.

SACRISTÁN, J. G. Consciência e acção sobre a prática como libertação profissional. In: NÓVOA, António (org.). *Profissão professor*. Porto: Porto Editora, 1995.

SALGUEIRO, Ana Maria. *Saber docente y pratica cotidiana: um estúdio etnográfico*. Barcelona: Octaedro, 1998.

SAMPAIO, Maria das Mercês Ferreira. *Um gosto amargo de escola: relações entre currículo, ensino e fracasso escolar*. São Paulo: EDUC/FAPESP, 1998.

SÁNCHEZ VÁZQUEZ, Adolfo. *Filosofia da Práxis*. Rio de Janeiro: Paz e Terra, 1977.

SARAMAGO, José. *A Caverna*. São Paulo: Companhia das Letras, 2000.

SAVIANI, Dermeval. Contribuições da Filosofia para a Educação. *Em Aberto*, ano 9, n. 45, pp. 7, jan./mar. de 1990.

_____. *Educação: do senso comum à consciência filosófica*. São Paulo: Cortez, Campinas: Autores Associados, 1984.

SCHEIBE, Leda e AGUIAR, Márcia A. Formação de profissionais da educação no Brasil: o curso de pedagogia em questão. *Educação e Sociedade*. Campinas, n. 68, pp. 220-238, 1999.

SERBINO, R. V.; RIBEIRO, R.; BARBOSA, R. e GEBRAN, R. A. *Formação de professores*. São Paulo: Fundação Editora Unesp, 1998.

SERGE, Victor. *O ano I da revolução russa*. São Paulo: Ensaio, 1993.

SERRÃO, Maria Isabel Batista. *Interdisciplinaridade e ensino: uma relação insólita*. Dissertação (Mestrado em Educação: História e Filosofia da Educação) — Pontifícia Universidade Católica de São Paulo, São Paulo, 1994.

_____. Um caminho de prática de ensino em escolas vinculadas ao Movimento dos Trabalhadores Rurais Sem Terra — MST. In: ROSA, Dalva E. G. e SOUZA, Vanilton C. de. *Didática e práticas de ensino: interfaces com diferentes saberes e lugares formativos*. Rio de Janeiro: DP&A, 2002.

_____. A atividade de aprendizagem na formação universitária de professores. *Anais do XII ENDIPE — Encontro Nacional de Didática e Prática de Ensino*. Curitiba, 2004.

SFORNI, Marta Sueli de Faria. *Aprendizagem conceitual e organização do ensino: contribuições da teoria da atividade*. Tese (Doutorado em Educação) — Universidade de São Paulo, São Paulo, 2003.

SHIGUNOV NETO, Alexandre e MACIEE, Lizete Shizue B. (orgs.). *Reflexões sobre a formação de professores*. Campinas: Papirus, 2002.

SHUARE, Marta. *La Psicología Soviética tal como la veo*. Moscú: Editorial Progreso, 1990.

SIEWERDT, Maurício José. *Da cultura de mediação à mediação como cultura política: um estudo de recepção com educadores do MST frente aos recursos audiovisuais*. Dissertação (Mestrado em Educação) — Centro de Ciências da Educação da Universidade Federal de Santa Catarina, Florianópolis, 2001.

SILVA, Giuvana. *O valor das interações sociais para a reflexão na formação acadêmica*. Florianópolis: Universidade Federal de Santa Catarina (mimeo.), 1998.

SILVA, Rose Neubauer da et alii. *Formação de professores no Brasil: um estudo analítico e bibliográfico*. São Paulo: Fundação Carlos Chagas, 1991.

SLAVINA, Liya. Papel que el objetivo planteado y la intención formada por el niño desempeñan en calidad de motivos de la actividad del escolar. In: BOZHOVICH, L. e BLAGONADIEZHINA, L. *Estudio de la motivación de la conducta de los niños y adolescentes*. Moscú: Editorial Progreso, 1978.

SMIRNOV, A. A. et alii. *Psicologia*. México: Editorial Grijalbo, 1969.

SOARES, Magda. *Letramento: um tema em três gêneros*. Belo Horizonte: Autêntica, 1998.

SOUSA, Óscar C. de. Aprender e ensinar: significações e mediações. In: TEODORO, António e VASCONCELOS, Maria Lucia. *Ensinar e aprender no ensino superior*. São Paulo: Mackenzie/Cortez, 2003.

TARDIF, Maurice. Saberes profissionais dos professores e conhecimentos universitários: elementos para uma epistemologia da prática profissional dos professores e suas conseqüências em relação à formação para o magistério. *Revista Brasileira de Educação*, São Paulo, n. 13, pp. 5-24, 2000.

_____. *Saberes docentes e formação profissional*. Petrópolis: Vozes, 2002.

TAVARES, Silvia Carvalho Araújo. *A profissionalidade ampliada na atividade educativa*. Dissertação (Mestrado em Educação) — Universidade de São Paulo, São Paulo, 2002.

TERRAZAN, Eduardo. Articulação entre formação inicial e formação permanente de professores: implementações possíveis. *Anais IX ENDIPE — Encontro Nacional de Didática e Prática de Ensino*, Águas de Lindóia, 1998.

THIOLLENT, Michel. Notas para o debate sobre pesquisa-ação. In: BRANDÃO, Carlos Rodrigues (org.). *Repensando a pesquisa participante*. São Paulo: Brasiliense, 1984.

TIBALLI, Elianda F. Arantes e CHAVES, Sandramara Matias (coord.). *Concepções e práticas em formação de professores: diferentes olhares*. Rio de Janeiro: DP&A/Goiânia: Alternativa, 2003.

TRAGTENBERG, Maurício. Relações de poder na escola. *Educação e sociedade*, Campinas, n. 19, dez. de 1984.

TRIDAPALLI, Maria de Lourdes B. *A compreensão do processo de aprendizagem por alunos do curso de Pedagogia do CESBE/FEBE de Santa Catarina*. Dissertação (Mestrado em Psicologia da Educação) — Universidade Pontifícia Católica de São Paulo, São Paulo, 2000.

TROTSKY, L. A. *A História da revolução russa*. Rio de Janeiro: Paz e Terra, 1980.

TUMOLO, Paulo Sergio. *O significado do trabalho como princípio educativo: ensaio de análise crítica*. 24ª Reunião Anual da ANPEd — Associação Nacional de Pós-Graduação e Pesquisa em Educação, Caxambu, outubro de 2001.

_____. Da subsunção formal à subsunção da vida ao capital: apontamentos de interpretação do capitalismo contemporâneo. *Trabalho e crítica*. Belo Horizonte, n. 2, setembro de 2000.

VASCONCELOS, Geni A. Nader. (org.). *Como me fiz professora*. Rio de Janeiro: DP&A, 2000.

VEIGA, Ilma Passos (coord.). *Educação e escola no campo*. Campinas: Papirus, 1993.

_____. Avanços e equívocos na profissionalização do magistério e a nova LDB. In: VEIGA, Ilma Passos (org.). *Caminhos da profissionalização do magistério*. Campinas: Papirus, 1998.

VEIGA, Ilma Passos e ARAÚJO, José Carlos. Ética e profissionalização do magistério. In: VEIGA, Ilma P. e CUNHA, Maria Isabel da (orgs.). *Desmistificando a profissionalização do magistério*. Campinas: Papirus, 1999.

VIGOTSKI, L. S. *Psicologia da arte*. São Paulo: Martins Fontes, 1999.

_____. *O desenvolvimento psicológico na infância*. São Paulo: Martins Fontes, 2000.

_____. *A construção do pensamento e da linguagem*. São Paulo: Martins Fontes, 2001.

VIGOTSKY, L. S. *Imaginación y creación en la edad infantil*. Habana: Pueblo y Educación, 1999.

VILLA, Fernando Gil. O professor em face das mudanças culturais e sociais. In: VEIGA, Ilma Passos (org.). *Caminhos da profissionalização do magistério*. Campinas: Papirus, 1998.

VOGEL, Claudia Regina e FELIPE, Ana Paula. *Escrevendo nossa própria história*. Florianópolis: Universidade Federal de Santa Catarina, mimeo., 2000.

VYGOTSKI, L. S. Problemas teóricos y metodológicos de la Psicología. In: _____. *Obras Escogidas I*. Madrid: Centro de Publicaciones del MEC/Visor, 1990.

_____. Pensamiento y lenguaje. In: _____. *Obras Escogidas II*. Madrid: Centro de Publicaciones del MEC/Visor, 1982.

_____. *A formação social da mente*. São Paulo: Martins Fontes, 1984.

VUIGOTSKIJ, L. S. *Historia del desarrollo de las funciones psíquicas superiores*. Ciudad de La Habana: Editorial Científico Técnica, 1987.

WERTSCH, James. *The concept of activity in Soviet Psychology*. Armonk, New York: M. E. Sharpe, 1979.

ZEICHNER, Kenneth M. A. *A formação reflexiva de professores*. Lisboa: Educa, 1993.

_____. Para além da divisão entre o professor-pesquisador e o pesquisador acadêmico. In: GERALDI, Corinta; FIORENTINI, Dario e PEREIRA, Elisabete M. de A. *Cartografias do trabalho docente*. Campinas: Mercado de Letras, 1998.

_____. Tendências da pesquisa sobre formação de professores nos Estados Unidos. *Revista Brasileira de Educação*. São Paulo, n. 9, pp. 76-87, 1998a.

GRÁFICA PAYM
Tel. (011) 4392-3344
paym@terra.com.br